青少年成长必读

科学真奇妙丛书

伟大的世界之最

彩图版

李剑桥 ◎ 主编

天津出版传媒集团
天津科学技术出版社

图书在版编目(CIP)数据

伟大的世界之最 / 李剑桥主编. —天津：天津科学技术出版社，2012.4（2019.6 重印）

（青少年成长必读·科学真奇妙丛书）

ISBN 978-7-5308-6908-6

Ⅰ.①伟… Ⅱ.①李… Ⅲ.①名人—生平事迹—世界—青年读物②名人—生平事迹—世界—少年读物 Ⅳ.①K811-49

中国版本图书馆CIP数据核字（2012）第058123号

伟大的世界之最
WEIDA DE SHIJIE ZHIZUI

责任编辑：郑 新

出　　版：	**天津出版传媒集团** 天津科学技术出版社
地　　址：	天津市西康路35号
邮　　编：	300051
电　　话：	（022）23332674
网　　址：	www.tjkjcbs.com.cn
发　　行：	新华书店经销
印　　刷：	三河市燕春印务有限公司

开本 700×1000mm 1/16　　印张 9　　字数 150 000
2019年6月第1版第3次印刷
定价：29.80元

前言 FOREWORD

数千年来，人类一直感叹自然造物的神奇，同时，人类自己也不断创造奇迹。最大的陨石、最宽的瀑布、最高的动物、生命力最顽强的植物、最早的电话、最美丽的雕像……天文世界的奥妙无穷、大自然的奇景异致、动物王国的千奇百怪、植物家族的多姿多彩、科学技术的日新月异、人类智慧的璀璨夺目都体现着世界的博大与精深。

每一个"世界之最"或彰显大自然的斑驳陆离，或成为人类社会发展中的一座里程碑，或留下科学史上的一个奇迹。因此，有关世界之最的话题长期以来一直为人们所津津乐道。本书从知识性和趣味性的角度出发，向读者介绍了天文、地理、动物、植物、科技、人文六个领域的世界之最，将读者引入了一个新奇、神秘的世界。

在这里，我们可以倾听来自大千世界的玄妙声音，感受源自生命的神奇力量，开启一份新鲜、一份真实，获得一种充实、一种收获。

目录
CONTENTS

- 6 最著名的天文望远镜
- 8 第一颗人造卫星
- 10 第一艘载人登月飞船
- 12 最早的天文记录
- 14 最早提出地球围绕太阳转的人
- 16 最早发现地球引力的人
- 18 最大和最小的海
- 20 最大的洋和最小的洋
- 22 最长的海峡
- 24 最大的湖泊
- 26 最宽的瀑布
- 28 最大的岩石
- 30 最大的沙漠
- 32 最长的山脉
- 34 最大的峡谷
- 36 最大的岛屿
- 38 最大的平原
- 40 最大的高原
- 42 最高的高原
- 44 最大的三角洲
- 46 水最贵的地方
- 48 最大的史前动物
- 50 和人类亲缘关系最近的动物
- 52 跑得最快的动物
- 54 最高的动物
- 56 最大的有袋动物
- 58 最大和最小的斑马
- 60 最会造房子的动物
- 62 最大的虎
- 64 最凶猛的鸟
- 66 最耐寒的鸟
- 68 繁殖最快的昆虫
- 70 力气最大的昆虫
- 72 最大和最小的蜘蛛

74 最大的两栖动物
76 最毒的蛙
78 最大的鱼
80 游得最快的鱼
82 最低等的海洋动物
84 最毒的水母
86 最聪明的动物
88 北极圈之王
90 植物界的最大家族
92 体积最大的树
94 比钢铁还要硬的树

96 水生植物中最大的叶子
98 最大的花
100 产油量最高的植物
102 最奇特的结果习性
104 最粗的药用树
106 生命力最顽强的植物
108 最大的种子
110 最早的空调
112 最早的电灯
114 最早的电话
116 第一架望远镜
118 最畅销的饮料
120 最早的电子计算机
122 最早的罐装食品
124 最早的自行车
126 最早的摩托车
128 最早的火车
130 最大的百科全书
132 最名贵的肖像画
134 最出色的圣母像画家
136 最大的宫殿
138 最大的金字塔
140 最大的教堂
142 第一座钢铁结构高塔

最著名的天文望远镜

以天文学家哈勃命名的"哈勃"太空望远镜,不仅是第一个被送上太空的望远镜,而且也是迄今为止最著名的太空望远镜。它的出现填补了地面观测的很多不足之处,帮助人类发现了宇宙中更多的奥秘。

基本数据

"哈勃"太空望远镜总长度超过 13 米,质量超过 11 吨,主镜面直径约为 2.4 米。它运行在地球大气层外缘离地面约 600 千米的轨道上,大约每 100 分钟环绕地球一周。

▸"哈勃"望远镜内部结构图

历 史

"哈勃"太空望远镜的构想可追溯到 1946 年,开始设计于 20 世纪 70 年代,建造及发射耗资超过 20 亿美元。在 1980 年初,望远镜被命名为"哈勃",以纪念在 20 世纪初期发现宇宙膨胀的美国天文学家爱德文·哈勃。

▸爱德文·哈勃

升 空

"哈勃"太空望远镜原定于 1986 年升空,但该年 1 月发生了"挑战者"号航天飞机爆炸的事件,所以,它升空的日期被推迟。1990 年 4 月 24 日,"哈勃"太空望远镜终于随"发现"号航天飞机发射升空。

硕果累累

"哈勃"太空望远镜服役的十几年来,对太空中的 2.5 万个天体拍摄了 50 多万张照片。科学家根据它的观测结果,撰写了 7 000 多篇科学论文,这使"哈勃"太空望远镜成为人类制造的最高产的科学仪器之一。

▶ 工作中的"哈勃"望远镜

维 修

现在,"哈勃"太空望远镜已到"晚年"。它在太空工作的十几年中,经历了 5 次大修,分别为 1993 年、1997 年、1999 年、2001 年和 2009 年。经过 2009 年的最后一次维护,"哈勃"太空远镜有望工作至 2014 年。

知识小笔记

目前,美国、加拿大正与欧洲联合开发下一代太空望远镜——"詹姆斯·韦布"望远镜,该望远镜有望于 2013 年发射升空,代替"哈勃"太空望远镜。

第一颗人造卫星

1957年10月4日，世界第一颗人造卫星"人造地球卫星"1号在苏联哈萨克斯坦加盟共和国拜科努尔航天发射基地升空，人类从此步入太空时代。尽管这颗卫星在天空仅仅逗留了92天，却推动了各国发展空间技术的步伐。

▎卫星的结构

这颗卫星外表呈球形，直径58厘米，重83.6千克，载有2部无线发报机，通过安装在卫星表面的4个天线，不断地把最简单的信号发射到地面。在密封的铝壳内安装有电池组、无线电发射机、热控制系统组件、转接元件、温度和压力传感器等。

◂ 设计和制造第一颗人造卫星的科学家，科罗廖夫。

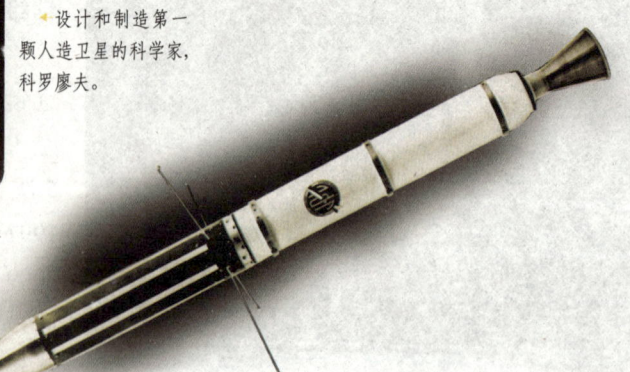

▎运行数据

第一颗人造卫星的设计和制造，主要是由苏联著名的火箭和宇航设计师科罗廖夫领导的实验设计局完成的。卫星距地面的最大高度为900多千米，绕地球一周需1小时35分，92天内共绕地球飞行了1 400圈，总航程6 000万千米。

卫星的探测项目

卫星的主要探测项目包括测量 200～500 千米高度的大气密度、压力、磁场、紫外线和 X 射线等数据。卫星还携带试验动物，用以考察动物对空间环境的适应能力。

知识小笔记

1970 年 4 月 24 日,在酒泉卫星发射场,中国成功地发射了自己的第一颗人造卫星"东方红"1 号。

运载火箭

发射卫星用的运载火箭是用 P-7（SS-6）洲际导弹改装的。经过改装的 P-7 定名为"卫星"号运载火箭，它全长 29.167 米，最大宽度 10.3 米，起飞重量 267 吨，这是当时世界上最大的运载火箭。

"人造地球卫星"2 号升空

"人造地球卫星"1 号发射后不久，1957 年 11 月 3 日，为给载人航天作准备，前苏联又发射了一颗载有名叫"莱依卡"的小狗的"人造地球卫星"2 号。

太空狗"莱依卡"

第一艘载人登月飞船

1969 年7月16日，美国东海岸佛罗里达州卡纳维拉尔角的肯尼迪发射场上，一艘名为"土星"5号的火箭将第一批登月者和他们乘坐的登月飞船"阿波罗"11号送上了太空。由此，"阿波罗"11号成为了第一艘载人登月飞船。

"土星"5号运载火箭

"土星"5号运载火箭高110米，约有36层楼房那么高，这是当时世界上威力最强大的运载火箭。火箭第一级有五台发动机，它们各有692.8吨推力。点火后，这个3 200吨的巨物便迅速飞向高空。由它和登月舱组成的"阿波罗"11号宇宙飞船将第一批登月者送上月球。

飞向月球

火箭起飞后12分钟，第一、二级火箭已脱离飞船，第三级火箭进入绕地球飞行的轨道。在绕地球飞行的轨道上进行飞行校正和检查后，第三级火箭重新点火，飞船很快超过了第二宇宙速度（每秒11.4千米），向月球飞去。

知识小笔记

"阿波罗"11号中的三名宇航员分别为尼尔·阿姆斯特朗、埃德温·奥尔德林和迈克尔·科林斯。

▸ 承载"阿波罗"号飞船的"土星"5号火箭准备发射

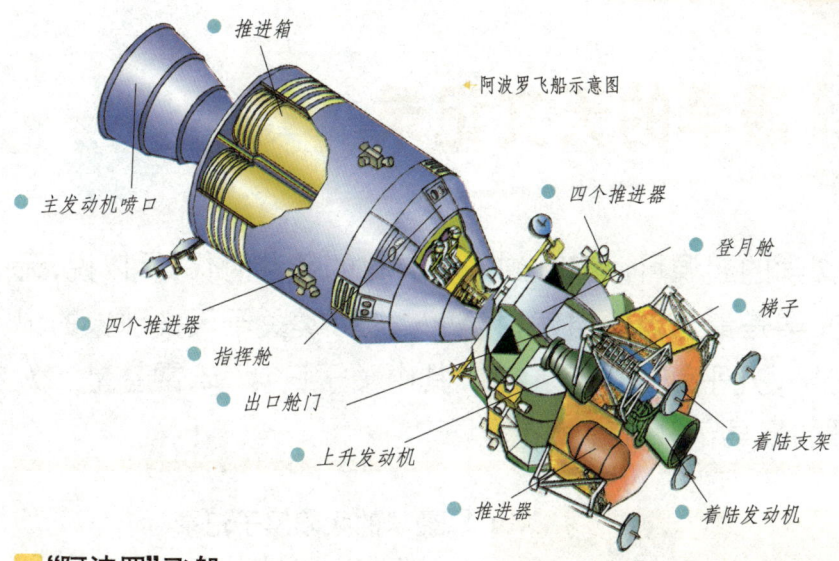
▸阿波罗飞船示意图

"阿波罗"飞船

"阿波罗"飞船有指挥舱、服务舱和登月舱三部分。7月21日登月舱连同两名宇航员在月面上缓缓着陆。另一名宇航员则在指挥舱内继续绕月球飞行。

登月舱落回月面

7月22日,两名宇航员在月面考察结束以后,登月舱上升起飞,与指挥舱对接。登月的两宇航员再次进入指挥舱,一小时以后,登月舱与指挥舱分离,登月舱落回月球表面。

▸返回地球

指挥舱回到地球

登月舱落回月面后,服务舱的火箭开始工作。等到进入大气层时,服务舱和指挥舱分离。服务舱穿越大气层后坠毁。7月24日指挥舱重新进入地球大气层,溅落在太平洋上,回到地面上的指挥舱只有5 600千克重。

最早的天文记录

天文学的起源可以追溯到人类文化的萌芽时代,可以说,天文学是最古老的自然科学之一。人类关于天文现象的记录非常早,几乎都始于公元前。其中关于日食、哈雷彗星和太阳黑子的最早记载都发生在我国。

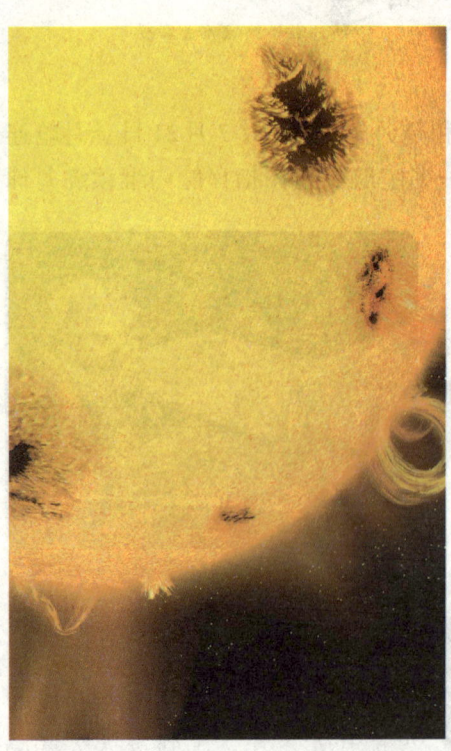

最早的太阳黑子记录

世界上最早的太阳黑子的记录来自于我国《汉书·五行志》的记载,书中对河平元年(公元前28年)三月出现的太阳黑子做出了详细的描述:"河平元年……三月己未,日出黄,有黑气大如钱,居日中央。"这次记录记载了公元前28年5月10日的一次黑子。

> **知识小笔记**
>
> 1840年,德国的一位业余天文学家发现了太阳黑子的活动周期约为11年。

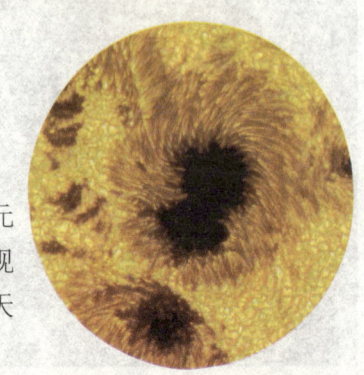

欧洲的记载

欧洲关于太阳黑子纪事的最早时间是公元807年8月,当时还被误认为是水星凌日的现象,直到意大利天文学家伽利略1660年发明天文望远镜后,才确认黑子是确实存在的。

哈雷彗星最早的时间记录

世界上第一次关于哈雷彗星的确切记录出现在我国的史书《春秋》上，书上说：鲁文公十四年（公元前613年）"秋七月，有星孛入于北斗"。

埃蒙德·哈雷（1656—1742），英国著名天文学家。哈雷选择了彗星这一前人涉及不多的领域，进行了深入的研究，开创了认识彗星和研究彗星的新领域。

哈雷彗星最早的内容记录

关于哈雷彗星内容记录最早的是我国西汉的《淮南子》。《淮南子·兵略训》说："武王伐纣，东面而迎岁，至汜而水，至共头而坠，彗星出，而授殷人其柄。"据我国天文学家推算，这是公元前1057年哈雷彗星回归的记录。

以哈雷彗星为主题画面的瓷器

哈雷彗星运行轨迹

最早的日食记录

世界上最早的日食记录出现在我国河南省安阳，时间是公元前1217年5月26日，这个记录被刻在一片甲骨文上。我国古代对日食的观察，保持了记录的连续性。例如在《春秋》这本编年中就记载了有公元前770—前476年中的37次日食。

最早提出地球围绕太阳转的人

最早提出地球围绕太阳转的人是波兰天文学家哥白尼，他提出的这个观点一般被称作"日心说"。日心说经历了艰苦的斗争后，才为人们所接受，这是天文学上一次伟大的革命，不仅引起了人类宇宙观的重大革新，而且从根本上动摇了欧洲中世纪宗教神学的理论支柱。

最早的日心说

实际上，早在公元前300多年的阿里斯塔克斯就已经提到过太阳是宇宙的中心，地球是围绕太阳运动的。但阿里斯塔克斯只是凭借灵感做了一个猜想，并没有加以详细的讨论，因而他的学说在科学上毫无用处。

▲哥白尼的太阳中心说

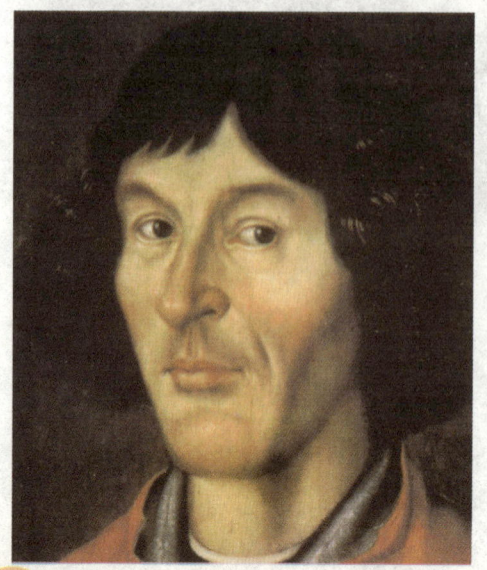
▲波兰著名天文学家尼古拉·哥白尼

哥白尼得到盛誉

虽然阿里斯塔克斯比哥白尼提出日心学说早1700多年，但是事实上哥白尼得到了这一盛誉。因为哥白尼逐个解决了猜想中的数学问题，并把它变成了有用的科学学说。

地心说

在哥白尼发表他的日心说之前,地心说在中世纪的欧洲一直居于统治地位。地心说认为地球是宇宙的中心且静止不动,日、月、行星和恒星都围绕地球运动,而恒星远离地球,位于太空这个巨型球体之外。

证实日心说

即使在《天体运行论》发表后,哥白尼的日心说还不断受到教会、大学等机构与天文学家的蔑视和嘲笑。终于在60年后,开普勒和伽利略用大量实验结果和详细的计算证实了哥白尼的"日心说"。

知识小笔记

1543年5月24日,哥白尼与世长辞,终年70岁,去世前,他一直用冰冷的双手抚摸着刚刚印好的《天体运行论》样书。

提出日心说

1535年,哥白尼完成了科学巨著《天体运行论》,但他却担心教会反对,迟迟不敢发表,直到临近古稀之年才终于决定将它出版。1543年,哥白尼的日心说公之于众,书中首次提出了太阳是宇宙的中心。

最早发现地球引力的人

其实人类早在发现地球引力之前就已经开始利用地球引力了,例如古人使用天平和杆秤来称量物体的重量,这都是利用地球引力的作用完成的。但是,人类真正认识地球引力也不过只有几百年的时间。最早发现并开始研究地球引力的人是英国的大科学家牛顿。

苹果落地

1666年的一天,英国一个叫做牛顿的大学生坐在苹果树下看书,这时一个苹果落了下来,这个现象激发这位年轻人开始思考:苹果为什么会落在地上,而不飞向天空呢?

知识小笔记

牛顿是英国伟大的数学家、物理学家、天文学家和自然哲学家,他在科学上最卓越的贡献是微积分和经典力学的创建。

▶牛顿

地球引力的发现

后来,牛顿经过认真研究终于发现了苹果落地是因为地球具有引力的缘故。苹果落地、雨滴降落和行星沿着轨道围绕太阳运行都是地球引力作用的结果。从而,牛顿发现了万有引力。

▶胡克

万有引力

万有引力是由于物体具有质量而在物体之间产生的一种相互作用。它的大小和物体的质量以及两个物体之间的距离有关。物体的质量越大,它们之间的万有引力就越大;物体之间的距离越远,它们之间的万有引力就越小。

科学巨人

1643年1月4日,牛顿出生于英格兰林肯郡小镇沃尔索浦的一个自耕农家庭里,由于早产,接生婆和他的亲人都担心牛顿活不下来。谁也没有料到他不但活了下来而且成为了一位震古烁今的科学巨人,并且活到了84岁的高龄。

当时人们讽刺万有引力理论的一幅漫画

万有引力定律的发现解释了行星围绕太阳运动的原因

站在巨人的肩上

牛顿在力学和天文学方面的成就卓著,当然这离不开伽利略、开普勒、胡克、惠更斯等人的努力,正像他自己所说的那样:"如果说我看得远,那是因为我站在巨人的肩上。"

最大和最小的海

地球表面的大部分地方被海水所覆盖，这些海洋面积的大小、水体深度等都各不相同，其中世界上面积最大、水体最深的海要数位于南太平洋的珊瑚海，而最小的海要算是土耳其的内海——马尔马拉海。

珊瑚海

珊瑚海西临澳大利亚大陆、东面有所罗门群岛和新几内亚岛、南面连着塔斯曼海，总面积479.1平方千米，这相当于半个中国的大小了。

珊瑚虫的家园

珊瑚海位于赤道附近，全年水温都保持在20℃以上，最热的月份甚至超过了28℃。珊瑚海的海水含盐量一般在2.7%~3.8%之间，这是大多数珊瑚虫最喜欢的生存环境。经过长期的繁衍生息，这里成为珊瑚虫聚集的家园。

● 珊瑚虫

大堡礁

在珊瑚海的大陆架和浅滩上，到处都有大量的珊瑚礁，在退潮时露出海面，形成热带海域所特有的美丽景观，"珊瑚海"也因此而得名。珊瑚海中最大的珊瑚礁是大堡礁，它如同一个巨大的花环漂浮在海水中。

● 大堡礁上藤蔓密织、郁郁葱葱，一派绚丽的热带风光。

马尔马拉海

马尔马拉海位于亚洲小亚细亚半岛和欧洲的巴尔干半岛之间，为土耳其的内海。它长270千米、宽70千米，面积只有1.1万平方千米，是世界上最小的海。

知识小笔记

位于欧洲大陆和斯堪的纳维亚半岛之间的波罗的海的含盐量最高处为2%，最低处为0.2%，远远低于海水含盐量的平均值3.5%，所以是世界上最淡的海。

兵家必争之地

马尔马拉海东北端经博斯普鲁斯海峡通黑海，西南经达达尼尔海峡，通爱琴海—地中海—大西洋，其余的被土耳其包围，是黑海—地中海—大西洋的必经之地，是欧、亚两洲的天然分界线，地理位置十分重要，历来是兵家必争之地。

● 地中海

最大的洋和最小的洋

全球海洋一般被分为 4 个大洋和面积较小的海。4 个大洋分别为太平洋、大西洋、印度洋和北冰洋,它们大部分以陆地和海底地形线为界。四大洋中最大的洋是太平洋,最小的洋是北冰洋。

◆ 太平洋

太平洋位于亚洲、大洋洲、南极洲和美洲之间,是世界上最大的洋,东西最宽处达到 19 000 多千米,南北最长处可达到 16 000 多千米,面积达 1.8 亿平方千米,占整个地球面积的 35%,更是占据了整个世界海洋总面积的 50%,超过了世界陆地面积的总和。

◆ 温暖的大洋

全世界海洋平均温度为 17.5℃,而太平洋海面平均水温为 19℃,是世界上最温暖的大洋。太平洋的水温比大西洋高 2℃,这主要是因为白令海峡很窄,阻碍了北冰洋寒冷的水流入;太平洋热带海面宽广,储存的热量大。所以,在太平洋生成的台风多,约占世界台风总数的 70%。

◆ 太平洋沿岸的塞班岛

丰富的资源

太平洋资源丰富，沿海的秘鲁、美国、加拿大、日本北海道，我国的舟山群岛等都是世界著名的渔场，产量占世界一半。海底石油蕴藏量也十分丰富，深海盆中还发现了大量锰结核，储量居各大洋之首。

北冰洋

北冰洋位于北极圈之内，大致以北极点为中心，面积1 405.6万平方千米，约占世界大洋面积的3.6%，平均深度1 200～1 300米，为世界大洋平均深度的1/3。

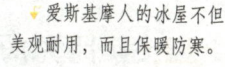
爱斯基摩人的冰屋不但美观耐用，而且保暖防寒。

知识小笔记

北冰洋是亚、欧、北美三大洲的顶点，有联系三大洲的最短航线，地理位置很重要。

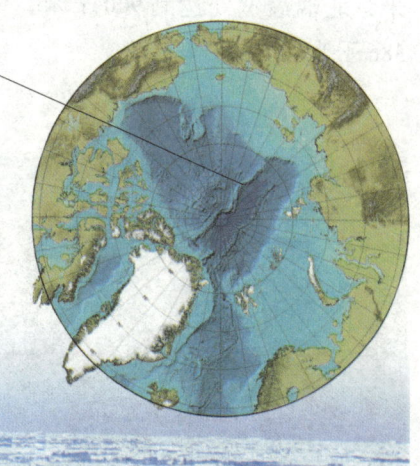
北冰洋

巨大的冰层

北冰洋的洋面上有常年不化的冰层，占北冰洋面积的2/3，厚度多在2～4米，其余海面上分布有自东向西漂流的冰山和浮冰，给航运带来极大威胁。北冰洋中央的海冰是永久性的海冰，已持续存在了300万年。

最长的海峡

莫桑比克海峡是世界最长的海峡,它位于非洲东南部国家莫桑比克和马达加斯加之间,是从南大西洋到印度洋的海上交通要道,波斯湾的石油有很大一部分要通过这里运往欧洲、北美,战略地位十分重要。

地理概况

莫桑比克海峡位于非洲大陆与马达加斯加岛之间,全长1 670千米(另有说法是1 760千米),海峡两端宽中间窄,平均宽度为450千米,北端最宽处达到960千米,中部最窄处为386千米。

▶ 莫桑比克海峡

海峡的形成

据地质学家研究,约在1亿多年以前,马达加斯加岛是和非洲大陆连在一起的,后来地壳变迁,岛的西部下沉,才形成了这条又长又宽的海峡。海峡的平均宽度有450千米,北端最宽处达960千米。

↑金枪鱼

水文特征

海峡内大部分水深在 2 000 米以上，北端与南端水深则超过 3 000 米，中部约 2 400 米，最大深度超过 3 500 米，深度仅次于德雷克海峡和巴士海峡。海峡内海水表面年平均温度在 20℃ 以上，炎热多雨，夏季时有因气流交汇而产生的飓风。

复杂的地形

海峡两岸地形复杂。马达加斯加岛的西北岸为基岩海岸，蜿蜒曲折，穿插着珊瑚礁和火山岛。莫桑比克北部海岸为犬齿形侵蚀海岸。由此往南，海峡两岸都为沙质冲积海岸，发育着沙洲和河口三角洲，唯独赞比西河口两侧为红树林海岸。

> **知识小笔记**
>
> 南美洲智利以南的麦哲伦海峡是世界上最曲折的海峡。隔离英国与欧洲大陆之间的英吉利海峡和多佛尔海峡是世界上船只通过最多的海峡。

水产资源

莫桑比克海峡盛产龙虾、对虾和海参，并以其肉质鲜嫩肥美而享誉世界市场。东北部为近岸鱼类渔场。金枪鱼产量为印度洋最高产区之一。

最大的湖泊

世界上最大的湖泊是位于欧亚大陆之间的里海,虽然名字上带有海这个字,实际上它仅仅是一个巨大的湖泊。里海不仅是世界上最大的湖泊,也是世界上蓄水量最多的湖泊。

地理位置

里海位于亚欧大陆腹地,亚洲与欧洲之间,东、北、西三面湖岸分属土库曼斯坦、哈萨克斯坦、俄罗斯和阿塞拜疆,南岸在伊朗境内。

▶卫星拍摄的里海图片

知识小笔记

位于约旦和以色列交界处的死海是世界上最咸的湖泊,其湖水的盐分含量达到了330‰,是一般海水含盐量的8倍之多。

▶景色迷人的里海海岸

地理概况

里海的面积为37.1万平方千米,体积约为7.8万立方千米,最深处1 025米,它的平均深度为209米,湖面海拔高度是-28米。有130多条河注入里海,其中伏尔加河、乌拉尔河和捷列克河从北面注入,3条河的水量占全部注入水量的88%。

🌀 里海的形成

1万多年前,里海曾与黑海、地中海相连,海水彼此沟通。后经地壳运动,地形发生了明显的变化,高加索山和厄尔布尔士山的隆起,把里海与海洋分离开了,从而形成今日这个内陆湖。

↑鲟鱼

↑河鲈

🌀 生物资源

里海生物资源丰富,动植物种类繁多。植物500多种,动物850种,其中15种是典型的北冰洋型和地中海型动物,也有海豹等海兽栖息。常见的鱼类有鲟鱼、鲱鱼、河鲈等。

↑约旦死海

🌀 石油资源

里海地区石油资源丰富,西岸的巴库和东岸的曼格什拉克半岛地区以及里海的湖底,是重要的石油产区。里海湖底的石油生产,已扩展到离岸数十千米的水域。

最宽的瀑布

世界上最宽的瀑布是南美洲的伊瓜苏瀑布,它位于巴西和阿根廷交界的伊瓜苏河下游,河水顺着倒 U 形峡谷的顶部和两边向下直泻,形成一个景象壮观的半环形瀑布群,在阳光照射下形成无数美丽的彩虹,景色蔚为壮观。

巨大的宽度

伊瓜苏瀑布为马蹄形,高 82 米,宽 4 000 米,是北美洲尼亚加拉瀑布宽度的 4 倍,比非洲的维多利亚瀑布还要宽。雷鸣般的水声可以传到 25 千米以外的地方,巨浪掀起的水雾高达 150 米。

瀑布的形成

伊瓜苏河发源于库里蒂巴附近的马尔山脉，沿途接纳大小支流约 30 条，流至伊瓜苏瀑布处，河面展宽约 4 000 米，河中大小岩岛星罗棋布，把河水分隔成一系列急流，因而形成世界上最宽的瀑布。

发现瀑布

1542 年，一位西班牙传教士在南美巴拉那河流域的热带雨林中，意外地发现了伊瓜苏大瀑布。如今，阿根廷和巴西为保护这里的景观和野生动植物，在瀑布附近设立了伊瓜苏国家公园。

> **知识小笔记**
> 位于非洲南部赞比亚和津巴布韦交界处的维多利亚瀑布是世界上声音最大的瀑布。

▲ 伊瓜苏瀑布距伊瓜苏河与巴拉那河汇流点约 23 千米。它不仅是南美洲最大、最壮观的瀑布，也是世界五大著名瀑布之一。

历史传说

当地有这样一个美丽的传说：某部族首领之子祈求诸神恢复他深爱的公主的视力，结果大地裂开为峡谷，河水涌入，把他卷进谷里，而公主却重见光明，成为第一个看到伊瓜苏瀑布的人。

▲ 气势磅礴的伊瓜苏瀑布，不禁让人想到"疑是银河落九天"的赞美诗句。

最大的岩石

世界上最大的岩石叫做艾尔斯巨石,它犹如巨兽俯卧在澳大利亚大陆中央的荒原上,又如饱经风霜的老人,在此雄伟地耸立了几亿年。最令人称奇的是艾尔斯巨石在一天之内会随着时间的流逝变幻出不同的颜色。

地理位置

艾尔斯巨石位于澳大利亚中北部的艾丽斯斯普林斯西南方向约 340 千米处,周长约 8.5 千米,海拔 867 米,距地面的高度为 348 米,长 3 000 米,东高宽而西低窄。

巨石的形成

约 5 亿年前,澳大利亚中部一度是海洋,底部堆积着一层层软沙,后来经地壳运动向上抬升而形成了这块世界上最大的岩石。现在,巨石的大部分仍然埋在地下。

巨石的命名

1873年，一位地质测量员到此勘探，意外地发现了这一世界奇迹，由于他来自南澳洲，故以当时南澳洲总理亨利·艾尔斯的名字命名这块巨石。

神奇的巨石

当太阳从沙漠的边际冉冉升起时，巨石会"披上浅红色的盛装"，鲜艳夺目、壮丽无比；到中午，则又"穿上橙色的外衣"；当夕阳西下时，巨石则姹紫嫣红，在蔚蓝的天空下犹如熊熊的火焰在燃烧；到夜幕降临时，它又匆匆"换"上黄褐色的"晚礼服"，风姿卓越地回归大地母亲的怀抱。

▲ 艾尔斯巨石是土著人心中的"圣石"

变色的缘由

地质学家认为艾尔斯巨石变色的缘由与它的成分有关。巨石实际上是岩性坚硬、结构致密的石英砂岩，岩石表面的氧化物在一天中阳光的不同角度照射下，就会不断地改变颜色。

知识小笔记

艾尔斯巨石被联合国科教文组织评为世界自然遗产，同时，艾尔斯巨石在英国BBC评出的"人一生中必去的50处胜地"中排名第12位。

最大的沙漠

号称"死亡之海"的撒哈拉沙漠是世界上最大的沙漠，它位于非洲北部，西从大西洋沿岸开始，北部以阿特拉斯山脉和地中海为界，东部直抵红海，南部到达苏丹和尼日尔河河谷。撒哈拉，在阿拉伯语中意为"大荒漠"。

地理概况

撒哈拉沙漠东西长达5 600千米，南北宽约1 600千米，面积超过900万平方千米，约占非洲总面积的32%，可以将整个美国本土装进去。

▸ 撒哈拉地区全年平均气温超过30℃，最干燥的地区年降雨量少于25毫米，有些年份全年无雨。

气候特征

这里不但气候炎热干燥，而且温差大，最热的几个月中，温度超过50℃。冬天气温却会下降到0℃以下，日常的气温变化也在-0.5～37.5℃之间。

沙漠的历史

在1万多年前,撒哈拉沙漠还是一个水源丰富,植被茂密的富饶之地,但是在随后的几千年时间里,这块陆地变得越来越干旱,最终变成了大沙漠。自人类有历史记载以来,撒哈拉地区就是沙漠。

▲ 在撒哈拉沙漠中的石油勘探

沙漠的成因

现在科学家认为,撒哈拉沙漠之所以干燥,是因为它所处的地理位置的缘故,这里常年被副热带高气压控制,冷湿气团无法进入,因此气候炎热干燥。而且南部高原阻挠了暖湿气团的到来,来自东北的信风吹走了能带来雨水的云团,使这里的气候更加恶劣。

丰富的资源

撒哈拉沙漠虽然气候恶劣,但是却储藏有许多资源,自从20世纪50年代以来,沙漠中陆续发现了丰富的石油、天然气、铀、铁、锰、磷酸盐等矿藏。

知识小笔记

撒哈拉沙漠是多个国家共有的,这些国家包括埃及、利比亚、利比里亚、阿尔及利亚、尼日尔和苏丹等。

最长的山脉

安第斯山脉是世界最长的山脉，它耸立在南美洲大陆的西部边缘，属于美洲大陆科迪勒拉山系的南半段。它犹如一条长龙静卧在太平洋的东岸，南北绵延9 000千米，比著名的喜马拉雅山脉还要长出6 000千米。

地理位置

安第斯山脉纵贯南美大陆西部，大体上与太平洋海岸平行，北起特立尼达岛，南至火地岛，跨越委内瑞拉、哥伦比亚、厄瓜多尔、秘鲁、玻利维亚、阿根廷、智利7个国家，占地面积180万平方千米。

阿空加瓜山

在安第斯山众多的高峰之中，阿空加瓜山凌空而起，海拔6 959米，是世界上最高的死火山。它位于阿根廷的西部边境，山峰呈圆锥形，经常隐没在白云深处，风光迷人，气势宏伟。

▲阿根廷和智利安第斯山脉的一部分

知识小笔记

位于安第斯山脉西麓的智利素有"铜矿之国"的美誉，查明铜矿的蕴藏量达1.85亿吨，占世界铜矿储藏量的1/4。

处于火山活动区

时至今日,形成安第斯山脉的地壳运动仍然没有停止,作为通常称之为"火环"的更大的环太平洋火山系的一部分,安第斯山脉现在仍处在火山活动期,很容易发生破坏性的地震。

矿产资源丰富

安第斯山脉矿产资源的蕴藏量极其丰富,其中锂的蕴藏量占世界已探明锂储藏量的40%左右,而且有品位高达55%的铁矿2亿多吨、煤矿储量4.5亿吨以及丰富的铀矿和天然气资源。此外还有大量的金、银、铜、铅、锡、钨、钼和硝石等矿藏。

森林广阔

安第斯山脉分为北、中、南三段。北段和南段气候湿润,森林广阔,为南美国家提供了木材和造纸原料,辽阔的天然牧场也为发展畜牧业提供了便利条件,对南美经济起着不可忽视的重要作用。

安第斯山脉山势雄伟,绚丽多姿,是世界上最壮观的自然景观之一。

最大的峡谷

世界第一大峡谷雅鲁藏布大峡谷位于"世界屋脊"青藏高原之上,它长约500千米,最深处达6 009米,平均海拔3 000米以上,是世界上海拔最高、最深和最长的河流峡谷,堪称世界之最,被誉为"人类最后的密境"。

地理概况

雅鲁藏布江像一把利剑,将巍峨的喜马拉雅山拦腰切开,在下游大拐弯处的南迦巴瓦峰附近形成雅鲁藏布大峡谷,构成独特的"水汽通道",向高原内部源源不断地输送水汽,使青藏高原东南部由此成为一片绿色世界。

▲ 西藏境内的雅鲁藏布江

发现与命名

1994年,我国科学家们对大峡谷进行了科学论证,以综合的指标,确认雅鲁藏布江干流上的这个大峡谷为世界第一大峡谷。新华通讯社向全世界及时报道了这一消息,全球为之轰动。1998年9月,国务院正式批准:大峡谷的科学正名为"雅鲁藏布大峡谷"。

> **知识小笔记**
>
> 美国的科罗拉多大峡谷全长446千米,最大深度1 740米,是仅次于雅鲁藏布大峡谷的世界第二大峡谷。

形成原因

雅鲁藏布大峡谷地区曾经有过多次冰川运动，遗留下了完整的古冰川U形谷，还有该地区地壳300万年来的快速抬升及深部的地质作用共同形成了雅鲁藏布大峡谷。

◆ 小熊猫最好看的是一条蓬松的长尾巴，其棕色与白色相间的九节环纹，非常惹人喜爱，"九节狼"的别名因此而得。

丰富的生物资源

峡谷区自然资源极其丰富，初步查明有1 000多种野生动物和3 700多种野生植物，而且至今保持原始状态。这里栖息着云豹、小熊猫、羚羊、树蛙等珍奇动物。生长着野生杜鹃、瑞香、龙胆花、报春花、红豆杉、桫椤、冷杉、铁杉等珍稀植物以及许多人类未知的新物种。

◆ 雅鲁藏布大峡谷最为奇特的是它在东喜马拉雅山脉尾间，由东西走向突然南折，沿东喜马拉雅山脉南斜面夺路而下，形成世界上最为奇特的马蹄形的大拐弯。

最大的岛屿

在全球大大小小的岛屿中,面积达217.56万平方千米的格陵兰岛排在第一位,它比紧随其后的新几内亚岛、加里曼丹岛、马达加斯加岛的总和还要大5.5万平方千米。因此,格陵兰岛是当之无愧的全球最大的岛屿。

地理位置

格陵兰岛位于北美洲东北部,北冰洋和大西洋之间,海岸线全长35 000多千米,面积相当于冰岛面积的20多倍,约为美国面积的1/4。

知识小笔记

马来群岛是世界上最大的群岛,它由印度尼西亚1.3万多个岛屿和菲律宾约7 000个岛屿组成。

▲ 格陵兰岛的巨大冰原

寒冷的气候

格陵兰岛全岛2/3在北极圈以北,气候寒冷,冰雪茫茫,中部地区的最冷月平均温度为-47℃,温度最低时可达到-70℃,是地球上仅次于南极洲的第二个"寒极"。

巨大的冰盖

格陵兰岛还有仅次于南极洲的世界第二大冰盖，面积达 180 多万平方千米，占整个岛屿面积的 82%，有些地方冰的厚度甚至达 10 000 米。这些冰雪一旦全部融化，全球的海平面将上升 6.5 米。

▲ 在格陵兰岛上，人们出行喜欢用狗拉雪橇。

不畏严寒的动物

尽管许多鸟类来格陵兰岛只是为了繁殖，冬季来临时又会飞向南方，但雷鸟和小雪巫鸟却定居在这里。格陵兰岛也是世界最大的食肉动物——北极熊的家园，这里还生活着狼、麝牛、北极狐、北极兔、驯鹿和旅鼠等。在沿岸水域也常常出现鲸和海豹的身影。

▲ 格陵兰岛上的北极狐

极昼和极夜

处于北极圈内的格陵兰岛会出现极地特有的极昼和极夜现象。越接近高纬度，一年中的极昼和极夜就越长。每到冬季，便有持续数月的极夜，格陵兰岛上空偶尔会出现色彩绚丽的北极光。在夏季，则终日艳阳高照，格陵兰岛成为日不落岛。

最大的平原

亚马孙河是世界上流量最大、流域面积最广的河流,它流经的亚马孙平原是世界上面积最大的平原,平原西宽东窄,地势低平坦荡。大部分在海拔150米左右,还有相当一部分海拔更低的低地,因而有"亚马孙低地"之称。

地理位置

亚马孙平原位于巴西高原和圭亚那高原之间,西抵安第斯山麓,东滨大西洋,跨越巴西、秘鲁、哥伦比亚和玻利维亚4国领土,面积达560万平方千米,其中巴西境内220多万平方千米,约占该国领土的1/3。

↑ 热带雨林茂盛的亚马孙雨林

平原的形成

在很久以前,这里还是一大片被海水浸没的凹地。发源于安第斯山的亚马孙河水系的河流从圭亚那高原、巴西高原带来大量泥沙等物质沉积在这里,日积月累,凹地被填平了,形成了广阔的大平原。

亚马孙河

亚马孙河是仅次于尼罗河的世界第二长河，它共有 15 000 条支流，分布在南美洲的大片土地上，流域面积比澳大利亚国土面积还要大，居世界第一位。亚马孙河水量充沛、水力澎湃，流量比密西西比河大 10 倍，比尼罗河大 60 倍，占全球入海河水总量的 1/5。

> **知识小笔记**
>
> 亚马孙雨林被誉为"地球之肺"，它每年吞噬全球排放的大量的二氧化碳，制造了维持人类生存氧气的 1/3。

生物科学家的天堂

亚马孙平原是世界上最大的热带雨林区，占地球上热带雨林总面积的 50%，其面积比欧洲还要大。这里自然资源丰富、物种繁多，生态环境纷繁复杂，生物多样性保存完好，被称为"生物科学家的天堂"。

▲ 亚马孙河像一条绸带蜿蜒于广阔的亚马孙平原上

面临威胁

现在，郁郁葱葱、广袤无垠的亚马孙雨林正在迅速减少，主要原因是由于人类的烧荒耕作、过度采伐、过度放牧和森林火灾等，其中烧荒耕作是首要原因，占整个热带森林减少面积的 45%。

最大的高原

在南美洲巴西境内,有块面积占巴西国土一半以上的大高原,叫巴西高原。除了南极洲的冰原外,巴西高原是世界上最大的高原,它的面积约500万平方千米,海拔300～1 500米,是一个比较古老的高原。

🟥 地理位置

巴西高原位于南美大陆东部,在亚马孙平原和拉普拉塔平原之间,西接安第斯山麓,南与拉普拉塔平原相连,东临大西洋。地表起伏比较平缓,地势向北和西北倾斜。

▲ 耶稣山又名驼背山,位于巴西高原的东部边缘。

🟥 桌状高地

巴西高原的地势南高北低,山岳、高地之间起伏平缓,大多在海拔600～800米之间,被称为"桌状高地"。高原边缘部分普遍形成缓急不等的崖坡,河流流经其间多陡落成为瀑布或急流,并切割成峡谷,高原多森林、草原,矿产及水力资源非常丰富。

气候特征

尽管位于赤道地区，但巴西高原的气温并不像人们想象的那样高，平均温度不超过27℃，最高气温不超过36℃。巴西利亚、圣保罗等高原城市的平均气温仅19℃，气候宜人。巴西高原分布最广的气候是热带草原气候。雨季，草原上一片葱绿，是良好的天然牧场。

↑ 巴西利亚是巴西的政治中心，它是一个集现代建筑特色为一身的现代化城市。

纺锤树

在巴西高原上一年中有四五个月是旱季。在干旱较严重的地方，生长着一种南美洲特有的植物——纺锤树，这种树两头细，中间粗，最粗的地方直径可达5米，里面贮水约有2吨。雨季时，它吸收大量水分贮存起来，到干季时来满足自己的消耗。

矿产资源丰富

巴西高原上的矿产资源尤为丰富，有铁、锰、铅、锌、铬、镍、锡、石英晶、云母等多种矿藏。其中以伊塔比拉为中心的"铁矿四角地区"是世界著名的优质大铁矿区。

> **知识小笔记**
> 巴西高原最本质的特征是地势相对起伏不大，而海拔相当高。

最高的高原

广阔的青藏高原被人们誉为"世界屋脊",因为它的海拔高度平均在4 000米以上,是地球上海拔最高的高原,也是我国最大的高原。它地势高耸、幅员辽阔、湖泊众多,长江、黄河、澜沧江、怒江和雅鲁藏布江均发源于此。

地理位置

青藏高原在我国西南部接近南亚的地方,它南面和西面是连绵不断的世界最高山脉——喜马拉雅山脉,东面是横断山脉,北面靠着昆仑山脉,全境面积大约有250万平方千米,占全中国陆地面积的23%。

形成原因

早在4亿多年前,这里就有板块隆起的岩石记录,今天我们看到的青藏高原是在大约8 000万至2.4亿年前开始的喜马拉雅运动中抬升为陆地并不断增高,最终从洋底变成高原。直到今天,青藏高原依然处于不断的变化之中。

知识小笔记

青藏高原南部的喜马拉雅山脉是世界上海拔最高的山脉,其中珠穆朗玛峰是世界上最高的山峰。

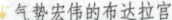

▼气势宏伟的布达拉宫

年轻的高原

青藏高原并不是一直在增长，而是有过几次起伏。在最近的一万年时间以来，青藏高原一直在猛烈增长，最终使它成为世界上最高的高原。从这一点来说，青藏高原还是一个年轻的高原。

▲ 青藏高原上的河流湖泊众多，水力资源丰富。

气候特征

由于青藏高原海拔高，空气稀薄，空气透明度非常好，因此太阳辐射也比其他地方强，位于青藏高原上的拉萨因此而获得"日光城"的别称。

地　热

青藏高原也有丰富的地热资源，这些埋藏在地下的水温度能达到数十摄氏度，当它们从地下冒出来的时候，就形成了温泉。一些地方的地下水温度很高，甚至可以作为转化为蒸气用来发电。

▲ 青藏高原湿地

最大的三角洲

世界最大的三角洲是恒河三角洲，它位于南亚次大陆，面积约为7万平方千米，大部分在孟加拉国南部，小部分在印度的西孟加拉邦。从高空俯瞰，恒河三角洲的形状就好像是一把张开的弓。

地理概况

恒河三角洲宽320千米，从源头到入海口有500千米，分属孟加拉国和印度。恒河三角洲养育着超过3亿的人口，是地球上人口最密集的地区之一。

▲ 据史料记载，16～17世纪时，恒河流域曾经森林密布，野象、水牛、犀牛、狮子和老虎等许多动物在此繁衍生息。

恒河

恒河是印度的第一大河，它发源于喜马拉雅山南麓的冰川，全长2 700千米，下游分流纵横，主要水道就有8条，在入孟加拉湾处又与布拉马普特拉河汇合一起，形成了广阔的恒河三角洲。

发达的农业

恒河三角洲地区，土壤肥沃，农业发达，是南亚次大陆水稻、小麦、玉米、黄麻、甘蔗等作物的重要种植区。大约2/3的孟加拉人从事农业。渔业也是恒河三角洲地区一个重要的产业。

▼ 神秘的印度舞蛇人和翩翩起舞的眼镜蛇

▼ 鸬鹚是最常见的水鸟，也是鸟类中优秀的潜水明星。

各种各样的动物

恒河三角洲生活着许多种动物，有苍鹭、鸬鹚、海鸥、燕鸥等几十种鸟类。水生及爬行生物包括橄榄海龟、龟鳖、蟒蛇、眼镜蛇以及各种蜥蜴。濒危动物有孟加拉虎、印度蟒、云豹、亚洲象和鳄鱼。

知识小笔记

世界著名的三角洲还有尼罗河三角洲、长江三角洲、密西西比河三角洲、多瑙河三角洲和湄公河三角洲等。

面临的威胁

由于全球气候变暖和恒河三角洲地区地面沉降，给这里的居民的生存带来巨大威胁。

▼ 恒河是印度人心中的"圣河"，在恒河中沐浴是所有印度教徒毕生的夙愿。

水最贵的地方

科威特是世界闻名的石油王国,但也是世界上水最贵的国家。全国既没有河流,也没有湖泊,沙漠覆盖了大部分国土。人们不论在什么地方掘井,流出来的不是淡水,可能是黑乎乎的石油。所以,这里的居民饮水主要通过淡化海水或进口淡水。

地理位置

科威特位于亚洲西部阿拉伯半岛东北部,波斯湾西北岸,西、北与伊拉克为邻,南部与沙特阿拉伯交界,东临波斯湾。虽然这里盛产石油,但是极为缺水。

> 世界上水资源极度匮乏的国家还有同处西亚地区的以色列,这里的每一片绿地都必须进行灌溉才能得以维持。节水灌溉在以色列无处不在,这里的滴灌系统对水的有效利用率达到了95%,节水灌溉技术处于世界领先地位。

气候特征

科威特属于亚热带气候,夏季和冬季差距明显。这里的夏季异常炎热,4~9月的平均气温为44℃,有时高达54℃,几乎没有降雨。这里的年降水量为25~180毫米,几乎都是集中在冬季,这些仅有的降水成为当地人民赖以生存的保障。冬季这里的平均气温为16℃。

▲ 航拍科威特沙尘暴

珍贵的淡水

位于沿海地区的科威特人民更多的是依靠打井取得生活用水,几乎每打出一口淡水井都会引起一番轰动,甚至有些人家会用水井的名字为自己的孩子命名。现在,为了解决人口增多和淡水稀缺的严重矛盾,科威特开始采用海水淡化的办法来解决供水问题。

地球上有着丰富的水资源,但是能直接饮用的淡水资源却很少。海洋咸水占到水资源总量的97.2%,而淡水仅占2.8%。

海水淡化

海水淡化的成本很高,每生产1吨淡水,就要耗费3度电,成本30美分,加上分配和销售费用就更高了。因此这里也就成为世界上水价最高的地区之一。相对来说,石油的生产成本较低,因此这里就真的成为"水比油贵"的国家了。

知识小笔记

我国年降水量最少的地方是吐鲁番盆地中的托克逊,年平均降水量仅5.9毫米,年降水天数不足10天,有些年份滴水不见。

储水塔

进入20世纪70年代中期,科威特全国的海水淡化能力已经达到每天28万吨的水平,能够基本满足全国人民的供水要求。在科威特首都科威特城的海岸上,高耸着3座结构奇特的尖塔,每座尖塔中分别储存着3 000吨左右的淡水。

最大的史前动物

距今2.5亿年前的地球上出现了一群庞大的生物——恐龙,随着时间的推移,一些恐龙的身躯越来越大,最终成为地球上最大的史前动物。在庞大的恐龙家族中,蜥脚类恐龙是身形最大的一种。

◀ 梁龙

蜥脚类恐龙

蜥脚类恐龙主要生活在白垩纪时期(1.44万～6 600万年前),这一"巨人"家族中有我们熟悉的雷龙、梁龙、震龙以及在我国发现的马门溪龙。

梁 龙

梁龙长得又高又长,简直就像一幢楼房。它的脖子由15块脊椎骨组成,胸部和背部有10块,而细长的尾巴内竟有大约70块脊椎骨。而且它的骨头非常特殊,不但骨头里边是空心的,而且还很轻。因此,它们的体重并没有想象的那么重。

◀ 马门溪龙

🦖 震 龙

到目前为止，我们所发现的身材最大的恐龙是震龙，它的身长有39～52米，身高可以达到18米，体重达到130吨。如果在原野上行走，每走一步都会使大地发生颤抖，就像地震一样，"震龙"的名称也由此而来。

▾ 马门溪龙

知识小笔记

现今所知的恐龙类型中，最小的是细颚龙类，有些只有今天的鸡一样大小。

🦖 马门溪龙

马门溪龙是脖子最长的恐龙，如果它将脖子伸向空中，足有3层楼那么高。世界上许多地区都发现过巨大的蜥脚类恐龙化石。它们虽然有体型大小上的差异，但是都有一个共同点，就是头部都很小。

✦ 恐龙不仅是最大的史前动物，也是迄今为止地球上最大的陆生动物。

和人类亲缘关系最近的动物

猩猩、大猩猩、黑猩猩和长臂猿统称类人猿。其中黑猩猩比大猩猩体形小很多,但它比大猩猩更加聪明,其智商相当于人类2~3岁的儿童,而且和人类的基因相似程度达到98%。所以说,黑猩猩是和人类亲缘关系最近的动物。

外貌特征

黑猩猩浑身黑色,最明显的特征是大耳朵向两边突出,眉骨很高,双眼深陷,面部以黑色居多,也有白色、肉色和灰褐色的,嘴巴宽阔。一般一只黑猩猩身高只有1.2~1.4米,体重在46~75千克之间。

◀黑猩猩全身覆盖着黑色的毛,它的大脑与人脑结构相似,是自然界中智商最高的动物之一。

分布范围

黑猩猩分布于非洲中部的几内亚、乌干达,向南到坦桑尼亚的热带雨林中,喜欢集群生活,每群20~30只,有的达80只,由1只成年雄性率领。它们常常白天活动,尤其是清晨和傍晚为活动高峰期。

▲愤怒的猩猩可以发出巨大的吼叫声

> **知识小笔记**
> 科学家经过研究发现，世界上比较聪明的动物有海豚、黑猩猩、大象、乌鸦、松鼠、狗、猫、猪等。

生活习性

野生黑猩猩是杂食性动物，它们的食物既包括各种植物的种子、叶子、果实、表皮，还有蜂蜜和各种昆虫。有时它们为了生存，还要去捕猎其他的小型哺乳动物。它们还会用树枝去掏弄蚁穴，之后再去舔食爬满树枝的白蚁。

丰富的表情

黑猩猩能做出喜、怒、哀、乐等表情，当与同伴相遇时，就会大声吼叫，表示问候，有的还互相欠身、拉手、搂抱、亲吻或用手抚摸对方的脸和脖子等。它们兴奋时会站立、跺脚或摇摆。生气时会瞪眼，害怕时会露出一副凶相：张大嘴巴、龇牙咧嘴、扬起眉毛等。

▲ 黑猩猩的手臂比它的腿长，手上有拇指，可以灵活地握住物体。每只超过4岁的黑猩猩都会用干草和树叶铺垫它们的窝。

最聪明的动物

黑猩猩是与人类最相似的高等动物，它们能发出32种不同意义的叫声，能使用简单的工具。2009年2月，英国学者研究发现，黑猩猩从出生至9个月大时的智力水平都胜于人类婴儿。人类婴儿的智力水平在9个月大之后才会反超黑猩猩。

▲ 这只黑猩猩似乎累了，正懒洋洋地伸展着身体。

跑得最快的动物

猎豹属于猫科动物,但是和其他猫科动物不同的是,猎豹依靠自己闪电般的速度来捕获猎物,而不是偷袭或者群体攻击。因此,猎豹是陆地上跑得最快的动物,这正是它能在残酷的自然界中生存下来的法宝。

短跑冠军

一只全速奔跑的猎豹,时速可以达到120千米,是目前陆地上奔跑速度最快的动物。但是猎豹只擅长短跑,在长距离奔跑时,速度就慢多了,每小时的平均速度约为60千米,相当于非洲鸵鸟的速度。

独特的体型

猎豹体型纤瘦,四肢细长,虽然它的肌肉强劲有力,但却不善于打斗,只是依靠速度而生存。为了获得更快的速度,猎豹在进化中也付出了一定代价。它比其他肉食猛兽的爪子小,牙齿也更短,没有壮硕的身躯,因此无法和体型较大的猎物搏斗。

知识小笔记

叉角羚是美洲大陆奔跑速度最快的兽类,它的速度仅次于猎豹,最高时速达80千米。

神奇的"钉鞋"

猎豹的爪子在幼年时是可以完全收缩的,但成年后就不能收回来了,会变得和狗爪一样钝。但它却有另外的好处,那就是猎豹在高速奔跑时,爪子能紧紧地抓住地面,就像短跑运动员的钉鞋。

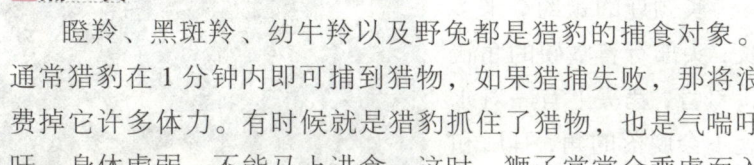

▸ 多数情况下,猎豹以闪电般的速度进行捕食。

捕 食

瞪羚、黑斑羚、幼牛羚以及野兔都是猎豹的捕食对象。通常猎豹在1分钟内即可捕到猎物,如果猎捕失败,那将浪费掉它许多体力。有时候就是猎豹抓住了猎物,也是气喘吁吁,身体虚弱,不能马上进食。这时,狮子常常会乘虚而入抢走猎物。

分 布

猎豹曾有较广泛的分布区,从非洲大陆到亚洲南部都有栖息。由于人类长期的滥猎,目前印度、中亚地区的猎豹已经灭绝。猎豹主要分布在非洲广阔的热带草原上。

▸ 小猎豹要长到1岁至1岁半时,才能开始独立生活。

最高的动物

长颈鹿是陆地上最高的动物，站立的时候，如同一座高塔，成年长颈鹿的身高可达4～6米。长颈鹿皮肤上的花斑网纹是一种天然的保护色。长颈鹿优雅的长颈、大而突出的眼睛利于它们远眺，以便及时发现危险。

美丽的外貌

长颈鹿的颈约2米多长，头部有着坚硬的角状头盖骨，鹿头上有一对永远不会脱落的角，耳后和眼后也有两对不很明显的角。它们身披浅黄底色、镶有红褐色斑纹的外衣，外貌奇特而清秀。

生理特点

由于长颈鹿生活在炎热的热带草原上，所以其身体体表面积大的特点有利于热量的散发。它的长颈和长腿，还是很好的降温"冷却塔"。它的肺容量也很大，有利于呼吸新鲜空气，排出废气。长颈鹿每天要吞吃50多千克的草和树叶。

刚出生的小长颈鹿身高可达1.8米，出生后20分钟即能站立，几天后便能奔跑如飞。

站着睡觉

长颈鹿的长脖子、腿较长，躺下和站起来都很不容易，所以常常站着睡觉。当长颈鹿觉得周围很安全时，也会躺下来睡觉。但是，如果遇到突然袭击，它很难再站起来逃跑，往往就这样葬送了自己的性命。

↑长颈鹿生活在干旱而开阔的草原和森林边缘地带

超高的血压

因为长颈鹿的个子太高了，需要有足够的压力将血液送到高高在上的头部，所以长颈鹿的血压要比人类的正常血压高2倍。如果把这样的血压放在别的动物身上，那么这种动物肯定会因脑溢血而死去。

知识小笔记

长颈鹿的胃像牛的胃一样，分成四个室。每次饱食以后，它总是嘴巴不停地咀嚼那些从胃里反刍出来的食物。

↑长颈鹿的长脖子在动物中独树一帜，这样它们就可以吃到其他动物无法吃到树顶端的新鲜嫩树叶。

御敌

非洲狮是长颈鹿最凶恶的敌人。一般情况下，长颈鹿一发现狮子，总是"走为上计"，它腿长，跑得快，每小时大约可以奔跑60千米，往往把狮子远远地抛在后面。可是，当它实在跑不掉时，就会用脚猛踢，或用头颈来猛击狮子。

最大的有袋动物

在 地球上曾经生活着很多种有袋类动物,但是很多种都已经灭绝了,例如袋狼。现存最大的有袋动物是生活在澳大利亚的袋鼠。作为澳大利亚的象征之一,袋鼠一直是当地人的骄傲,在澳大利亚的国徽上就有袋鼠的标志。

跳得高、跳得远

袋鼠拥有强壮有力的后肢,靠跳跃前进,一步可以跳很远。两三米高的障碍物都可以跃过,甚至可以一步跳过七八米宽的河流。袋鼠不仅跳得高、跳得远,而且跳跃前进的速度也很快,最大时速可以达到74千米。

第五条"腿"

袋鼠的尾巴又粗又长,长满肌肉。它在袋鼠跳跃过程中起平衡作用,帮助袋鼠跳得更快更远。当袋鼠缓慢走动时,尾巴则可作为第五条腿,起到支撑身体的作用。

▲ 袋鼠又粗又长的尾巴,在跳跃时可维持平衡,在站立时又可支撑身体。

著名的育儿袋

袋鼠以胸前的大口袋而著名,也就是育儿袋,只有负责生育的雌袋鼠才有育儿袋。小袋鼠在里面吃奶、睡觉和玩耍,直到它们长大能够独立生活为止。当遇到危险时,小袋鼠还会马上钻入袋中躲起来。

育儿袋里的小宝宝长大离开妈妈的怀抱后,仍活动在妈妈附近,以便随时获取帮助和保护。

知识小笔记

红袋鼠是所有袋鼠中体形最大的,它站立起来超过2米,比一般的人还高,体重将近90千克。

袋鼠通常过着群居生活,"拳击"是它们经常玩的游戏。

独特的御敌方法

在野外,袋鼠碰到强大的对手时,会以最快的速度逃离。当敌人穷追不舍时,它会突然转身,跃过敌人,朝反方向逃跑,令追击者目瞪口呆。有时候它们则背靠大树,尾巴撑地,用有力的后腿狠狠地踢敌人的腹部。

习 性

袋鼠主要以灌木嫩枝叶、青草和柔软植物为食。通常在太阳下山后几个小时才出来寻找食物,属夜间生活的动物。而在太阳出来后不久就回到巢穴中。

一般认为,袋鼠最早是由英国航海家库克发现的,其实并非如此。在他以前140年,荷兰航海家弗朗斯·佩尔萨特于1629年就遇到过袋鼠。

最大和最小的斑马

斑马生活在非洲大陆,外形与一般的马没有什么两样,它们身上的条纹是为适应生存环境而衍化出来的保护色。斑马共分为3种:山斑马、普通斑马和细纹斑马,其中,细纹斑马长得最大最美,体形最小的是山斑马。

🌏 细纹斑马

细纹斑马是最大的也是大家公认最漂亮的一种斑马。成年细纹斑马的肩高140～160厘米,耳朵又圆又大,身上的条纹又细又多,鬃长而发达,吻部灰色,腹部白色没有条纹,背脊上有一条很宽的纵纹。

▶ 细纹斑马主要分布在苏丹南部、肯尼亚北部、埃塞俄比亚和索马里的平原地带。

🌏 山斑马

山斑马肩高120厘米,是体形最小的一种斑马,也是首次得到科学描述和定名的斑马。它有一对像驴似的大长耳朵,鬃毛很短,吻部棕黄色,身上的条纹粗而少。山斑马主要生活在南非的山岳地带,习惯爬山越岭,很少走下山来,现在的数量已经很少。

生活习性

我们可以从 3 种斑马身上的斑纹图式、耳朵形状及体形大小可以将其区分。3 种斑马的生活习性都差不多，它们经常喝水，很少到远离水源的地方去。一年中大部分时间都在同一地区，只有食物与水短缺时才迁徙他处。

> **知识小笔记**
>
> 斑马跑得很快，每小时可达 64 千米。它们还有一个特点，即使在食物短缺时，从外表看仍然很肥壮，皮毛也有光泽。

共同御敌

斑马是群居性动物，常常由 10～12 匹结成小群。也有时跟其他动物群，如牛羚、旋角大羚羊、瞪羚及鸵鸟等共处，以抵御天敌。每群斑马有领队，有哨兵轮流站岗，发现敌情，立即发出"警报"，合群逃跑。

为了在危机四伏的草原上生存下去，斑马们常常集体行动。

保护色

在开阔的草原和沙漠地带，斑马这种黑褐色与白色相间的条纹，在阳光或月光照射下，反射光线各不相同，起着模糊或分散其体形轮廓的作用，放眼望去，很难将它们与周围环境分辨开来，这对斑马起着保护作用。

最会造房子的动物

在动物王国中有许多能工巧匠,它们是天生的建筑家,白蚁就是其中最著名的。白蚁在地球上已经生活了2.5亿年,全世界已知的白蚁有2 000多种,分布范围很广。早在人类出现以前,白蚁的"房屋"就已经具有"现代化"的水平了。

白蚁

白蚁分布于热带和亚热带地区,以木材或纤维素为食,是群居性而又有严格分工的昆虫,群体组织一旦遭到破坏,就很难继续生存。白蚁的身体比较软,只适宜在黑暗与潮湿的环境下生活,一旦暴露在阳光下或温度过高,很快就会干瘪死亡。

白蚁的身体为白色、淡黄色、赤褐色或黑褐色,不同的种类体色不一样。

各式各样的蚁穴

从外观上看,有的白蚁把椭圆形的蚁巢建在树上,有的在地面上堆起一个"土馒头",有的干脆在地下修建"蚁堡"。不过,最著名的还是在非洲的大白蚁塔。

知识小笔记

除了白蚁外,动物中还有许多能工巧匠,比如织布鸟、海狸、鼹鼠等。

白蚁塔

非洲的白蚁常用嘴巴将唾液、土壤和粪便混合之后作为材料建造蚁穴。整个蚁穴呈圆锥形塔状，远远望去，既似高塔，又像碉堡，所以人们叫它白蚁塔。即使最矮的白蚁塔高度也在2米以上。假如白蚁的体型和人类一样大，白蚁塔的高度按比例相当于人类建造的2 000层的摩天大楼。

▲ 在自然界中，白蚁是腐木与朽材的分解者，它们是少数能分解纤维素的动物之一。

一流的建筑师

为了保持蚁冢的高湿度，白蚁挖掘隧道，取地下水来润湿巢穴；为了维持蚁冢的常温，它们架起高耸的"通风管"，利用空气对流来克服这个难题，它们的确是一流的建筑师。

内部结构

"蚁城"里不但有蚁王、蚁后居住的"皇宫"，普通"百姓"起居的蚁巢，还有四通八达，纵横交错的"公路网"。"皇宫"中的温度和湿度一年四季变化不大，那里既安全又舒适。

▶ 热带地区的白蚁塔硬如尖石，大雨也不会令其溶化崩溃，所以常常发现有百年以上历史的白蚁"古堡"，当地的原住民常用它做仓库。

最大的虎

东北虎是体形最大的老虎，主要分布于西伯利亚和我国的东北地区。东北虎的毛色鲜明美丽，背部和体侧具有多条横列黑色窄条纹，通常两条相近的条纹间呈柳叶状。头大而圆，前额上的数条黑色横纹，中间常被竖纹贯通，极似"王"字，故有"丛林之王"的美称。

外形特征

东北虎中的雄性体长可达2.8米左右，尾长约1米，体重接近350千克，有记录的最大野生东北虎体重达到470千克，为前苏联所捕获。

▶ 东北虎的虎爪和犬齿利如钢刀，长度分别为6厘米和10厘米，是撕碎猎物时不可缺少的"餐刀"，这也是它赖以生存的有力武器，它还有条钢鞭般的尾巴。

知识小笔记

东北虎已经被列入国家一级保护动物。我国黑龙江省哈尔滨市的东北虎林园是世界最大的东北虎人工饲养繁育基地。

捕获猎物

东北虎捕捉猎物时常常采取打埋伏的办法,悄悄地潜伏在灌木丛中,一旦目标接近,便"嗖"地窜出,扑倒猎物,或用尖爪抓住对方的颈部和吻部,用力把它的头扭断;或用利齿咬断对方喉咙;或猛力一掌击断对方的颈椎骨,然后再慢慢地享用。

↑东北虎的毛色鲜艳美丽

习 性

东北虎常栖居于海拔600~1300米的森林、灌木和野草丛生的地带。它白天常在树林里睡大觉,傍晚或黎明前外出觅食,主要靠捕食野猪、鹿和狍子为生。东北虎一年大部分时间都是四处游荡,独来独往,没有固定住所。

↓东北虎的经济价值极高,传统观念认为虎的肉和内脏可入药治疗多种慢性疾病。一只成年虎的价值相当于30多张黑貂皮,因此,东北虎遭到无情的捕杀。野生东北虎现存数量只有400多只,大部分分布在俄罗斯,在我国的数量不足20只。

最凶猛的鸟

秃鹫是世界上最凶猛的鸟,它们的栖息范围比较广,在海拔 2 000～5 000 多米的高山、草原上都有它们活动的身影,其中生活在南美洲安第斯山脉的悬崖绝壁之间的康多兀鹫是世界上体形最大的飞鸟。

最大的猛禽

秃鹫是草原上体形最大的猛禽,它两只翅膀展开后可以达到 3 米,体重可达 11 千克。它那带钩的嘴十分厉害,可以轻而易举地啄破和撕开坚韧的牛皮,拖出沉重的内脏;裸露的头能非常方便地伸进尸体的腹腔。

▲雄鸟带回来的食物常被雌鸟、幼鸟吃得精光。

繁殖习性

雄秃鹫每天辛辛苦苦地四处觅食,一回到家里,马上张开大嘴,把吞下去的食物统统吐出,先给雌鸟吃较大的肉块,然后再耐心地给幼鸟喂食碎肉浆。

▲秃鹫的胃口很大,每次都要吃到脖子都被装满为止。

草原上的清洁工

秃鹫喜欢单独活动,有时也结成3～5只的小群,最大群可达10多只,飞翔时,两翅伸成一直线,翅很少扇动,而是利用气流长时间翱翔于空中。当它发现地面上的尸体时,就会飞到附近取食。秃鹫的食物主要是大型动物和其他腐烂动物的尸体,所以它被称为"草原上的清洁工"。

> **知识小笔记**
>
> 康多兀鹫有"百鸟之王"的称誉,它威风凛凛,气宇轩昂,所以被智利尊为国鸟,作为国徽和军徽的主要标志。

▲ 秃鹫分布很广泛,但在澳大利亚和大部分海岛则无分布。

奇妙的变色

秃鹫在争食时,身体的颜色会发生一些有趣的变化。平时它的面部是暗褐色的,脖子是铅蓝色的。当它正在啄食动物尸体的时候,面部和脖子就会出现鲜艳的红色。这是在警告其他秃鹫:赶快跑开,千万不要靠近。

康多兀鹫

康多兀鹫也叫安第斯兀鹫、安第斯神鹰,是秃鹫中体型最大的。据记载,最大的一只康多兀鹫,两翅展开达5米宽,它不仅是世界上最大的飞鸟,还是世界上飞得最高的鹰类,其飞行高度为海拔5 000～6 000米,最高时在8 500米。

▲ 秃鹫属于世界濒危鸟类

最耐寒的鸟

南极是地球上最寒冷的地区,生活在这里的企鹅则是鸟类家族中最耐寒的。动物学家考证企鹅的"家史",证明企鹅原来是最古老的一种游禽。它很可能在南极洲未穿上冰甲之前,就已经来这儿定居了。

身体结构

企鹅全身覆盖着密实的羽毛,羽毛密度比相近体型的鸟类大 3~4 倍,羽毛的作用是调节体温。企鹅皮下脂肪厚达 2~3 厘米,这种特殊的保温设备,使它在 -60℃ 的冰天雪地中,仍然能够自在生活。

企鹅常以极大数目的族群出现,南极的企鹅占南极地区海鸟数量的 85%。

分 布

现在,世界上总共有 18 种企鹅,它们全分布在南半球,其中在南极大陆海岸繁殖的有两种。在南大洋中的岛屿,南美洲和新西兰分布的都比较多。

帝企鹅

帝企鹅是企鹅家族中体形最大的一种，身高大约有 1.2 米，相当于一个八九岁儿童的身高。帝企鹅很有"绅士风度"，它们常常轮流做企鹅群的领袖，以防止贼鸥偷袭幼企鹅及企鹅蛋。

> **知识小笔记**
>
> 在鸟类家族中，雨燕的飞行速度是最快的，它那镰刀状的翅膀非常适合快速飞行，据说一般每小时飞行 110 千米。

● 企鹅是非常忠贞的动物之一

✦ 企鹅妈妈和企鹅爸爸特别会照顾宝宝

忠贞的夫妻

在南极大陆生活的阿德莱企鹅的数量达 100 多万对，它们一旦结为夫妻，彼此便恪守海誓山盟的诺言，相敬如宾，忠贞不二。

繁殖最快的昆虫

不起眼的蚜虫是世界上繁殖最快的昆虫。雌性蚜虫一生下来就能够生育,而且蚜虫不需要雄性就可以怀孕。

极强的繁殖能力

蚜虫的繁殖力很强,1年能繁殖10～30个世代,世代重叠现象突出。当5天的平均气温稳定上升到12℃以上时,蚜虫便开始繁殖。在气温较低的早春和晚秋,完成1个世代需10天,在夏季温暖条件下,只需4～5天。

被镜头放大的蚜虫

分 布

蚜虫主要分布在北半球温带地区和亚热带地区,热带地区分布很少。目前世界已知的蚜虫种类约4 700余种,中国分布约1 100种。

植物的大害虫

蚜虫体小而软,大小如针头,腹部有腹管,用来吸食植物汁液,为植物的大害虫。不仅阻碍植物生长,形成虫瘿,传布病毒,而且造成花、叶、芽畸形。

→ 人类与害虫曾作过无数较量,利用害虫的天敌来以虫治虫是最有效的方法之一。

蚜虫的防治

蚜虫是粮、棉、油、麻、茶、糖、菜、烟、果、药和树木等经济植物的主要害虫,所以人们利用各种手段来消灭蚜虫。如喷洒药水,将蚜虫栖居或虫卵潜伏过的残花、病枯枝叶,彻底清除,集中烧毁等。

共生趣闻

蚜虫与蚂蚁有着和谐的共生关系。蚜虫带吸嘴的小口针能刺穿植物的表皮层,吸取养分。每隔一两分钟,这些蚜虫会翘起腹部,开始分泌含有糖分的蜜露。工蚁赶来,用大颚把蜜露刮下,吞到嘴里。一只工蚁来回穿梭,靠近蚜虫,舔食蜜露,就像奶牛场的挤奶作业。蚂蚁为蚜虫提供保护,赶走天敌;蚜虫也给蚂蚁提供蜜露,这是一个和则两利的交易。

知识小笔记

普通的蝉只有3~9年的寿命,而美国有一种蝉,可以存活17年之久,是昆虫中的老寿星。

→ 七星瓢虫是蚜虫的天敌,保护好七星瓢虫可以有效抑制蚜虫的生长。

力气最大的昆虫

蚂蚁是地球上最常见、数量最多的昆虫种类,也是动物界的小不点,可是,蚂蚁却具有惊人的力气,它能举起超过自身重量100倍的物体,是世界上力气最大的昆虫。同时,蚂蚁也是世界上抗击自然灾害最强的生物。

力量的源泉

科学家经过研究后发现,蚂蚁脚爪的肌肉中有一种十分复杂的磷的化合物,它如同一个效率非常高的"电动机",为蚂蚁提供巨大的能量,所以,蚂蚁才具有如此巨大的力气。

● 两只打斗中的蚂蚁

古老的昆虫

蚂蚁是一种十分古老的昆虫,它的起源可追溯到1亿年前,大约与恐龙同一时代。蚂蚁不但常见而且种类繁多,目前世界上已知的蚂蚁约有9 000种,估计全部种类应有12 000～15 000种,而我国至少有600种以上。

● 一只蚂蚁大力士正在把比自己身体大好几倍的食物扛回家

有组织的群体

蚂蚁在世界各个角落都能存活,其秘诀就在于它们生活在一个非常有组织的群体中。蚂蚁有不同的类型,每一类都有其专门的职责。它们一起工作,一起建造巢穴,使它们的卵与后代能在其中安全成长。

▶蚂蚁是最团结的动物

> **知识小笔记**
> 沫蝉是世界上跳得最高的昆虫,它跳跃的高度可以超过自身身长的200多倍。

▶蚂蚁的尾部可以分泌一种叫"蚁酸"的有毒物质,是抵抗其他动物的有力武器。

蚁后

在蚁群中,蚁后是最重要的成员,它的体形最大,特别是腹部大,主要职责是产卵、繁殖后代和统管这个群体大家庭。蚁后是唯一能产卵的蚂蚁,这意味着它是这一群体中所有蚂蚁的母亲。

工蚁

工蚁是蚁群中最小的个体,但数量最多,善于爬行,它们都是没有生殖能力的雌性,主要职责是建造和扩大巢穴、搜寻食物、照顾幼蚁和蚁后等。

▶蚁后完成了交配的任务后,就由空中降落到地面上,脱掉翅膀,在地下的巢穴里繁殖后代。

最大和最小的蜘蛛

蜘蛛的种类很多,全世界已知的蜘蛛种类就有 35 000 种。但是不同种类的蜘蛛个体大小有很大差异。有些很大,有些甚小,即使是同一种蜘蛛雄雌个体大小也有差异。世界上最大的蜘蛛是格莱斯捕鸟蛛,最小的蜘蛛是施展蜘蛛。

分布范围广

蜘蛛的种类繁多,分布较广,适应性强,它能生活或结网在土表、土中、树上、草间、石下、洞穴、水边、低洼地、灌木丛、苔藓中、房屋内外,或栖息在淡水中(如水蛛),海岸湖泊带(如湖蛛)。总之,水、陆、空都有蜘蛛的踪迹。

知识小笔记

世界上最毒的蜘蛛是黑寡妇蜘蛛,它具有强烈的神经毒素,一般生活在温带或热带居民区或农村地区,对牲畜的危害极大。

格莱斯捕鸟蛛

格莱斯捕鸟蛛是世界上最大的蜘蛛，雄性蜘蛛张开爪子时有38厘米宽，重量约为120克，毒爪的长度为2.5厘米。它们生活在拉丁美洲的热带雨林中，主要捕食鸟类，有时捕食蛙类、老鼠、蜥蜴或其他小型动物。

▲ 格莱斯捕鸟蛛的胃口很大，它同样依靠蜘蛛网来捕食。

捕 食

格莱斯捕鸟蛛是自然界中技艺高超的猎手之一，它织的网能经得住300克物体的重量。一旦有猎物落网，它就迅速爬过去，咬住猎物，设法使其不能动弹，然后，将毒液注入猎物体内，猎物渐渐地被麻痹、死掉，这时，捕鸟蛛就开始享用美味了。

施展蜘蛛

世界上最小的蜘蛛是施展蜘蛛，人们曾在西萨摩尔群岛采到一只成年雄性施展蜘蛛，体长只有0.043厘米，还没有印刷体文字中的句号大。

▲ 丑陋的格莱斯捕鸟蛛

▲ 正在织网的蜘蛛

各种各样的蜘蛛

在30 000多个蜘蛛种类中，所有的蜘蛛都能吐丝，但只有一半种类可以用丝织网，其余的只会用丝缠绕食物或卵，或编一个很小的临时的掩蔽处，或者像蜘蛛侠那样在跳跃的时候织一根安全带。

最大的两栖动物

大鲵是世界上体形最大的两栖动物,由于它的叫声酷似小孩的啼哭,所以一般又称它为娃娃鱼。它是我国特有的珍贵动物,主要栖息于山区的溪流之中,在水质清澈、含沙量不大,水流湍急,并且要有回流水的洞穴中生活。

早期的记载

早在 2 000 年前,我国已有不少书籍提到"鲵鱼有四足,如鳖而行疾、有鱼之体、而似足行、声如小儿啼"。由此可见,大鲵早已为人们所熟知,但大鲵不是鱼类,而属于两栖类动物。

作为地球上身躯最庞大的两栖类动物,大鲵被认为是动物从水生到陆地进化过程中的过渡阶段,对研究生物的演化有很重要的作用。

外形特征

大鲵的外形有点像蜥蜴,只是相比之下更肥壮扁平。全长可达 1～1.5 米,体重最重的可超几十千克。头宽而圆扁,嘴巴很大,眼睛极小,四肢短小,尤其前肢很像小孩的一对小胳膊。在湖南曾捕到一条体长 2.1 米、65 千克重的大鲵。

捕 食

大鲵主要以蛙、鱼、蛇、虾以及水生昆虫为食，捕食主要在夜间进行。它不善于追捕，只是隐蔽在滩口的乱石间，发现猎物经过时，进行突然袭击。因它口中的牙齿又尖又密，猎物进入口内后很难逃掉。但是，它的牙齿不能咀嚼，只是张口将食物囫囵吞下，然后在胃中慢慢消化。

▲ 大鲵的体表非常光滑，而且有各种斑纹。

▲ 大鲵生性凶猛，蛇也是它平常的食物之一。大鲵通常采取"守株待兔"的方式来捕食。

知识小笔记

大鲵的寿命在两栖动物中也是最长的，在人工饲养的条件下，能活130年之久。

食 性

大鲵有很强的耐饥本领，甚至两三年不吃也不会饿死。它同时也能暴食，饱餐一顿可以吃下相当于其体重的 1/5 重量的食物。食物缺乏时，还会出现同类相残的现象，甚至以卵充饥。

▲ 大鲵的幼仔

繁 殖

繁殖后代时，雌鲵产卵于岩石洞内，一次产卵300多枚，产下卵后就自由自在地游玩去了，抚育第二代的任务就交给了雄鲵。雄鲵把身体曲成半围状，将卵围住，以免被流水冲走或遭受敌害，直到孵化出幼鲵，雄鲵才肯离去。

最毒的蛙

箭毒蛙毫无疑问是拉丁美洲乃至全世界最著名的蛙类。一方面是因为它们属于世界上毒性最大的动物之列,另一方面也是因为它们拥有非常鲜艳的警戒色,是蛙中最漂亮的成员。它们主要分布于从尼加拉瓜到巴西东南部和玻利维亚一带。

■不同的种类

箭毒蛙科的成员并非全部有毒,色彩也并非都鲜艳。有毒的成员彼此之间的毒性也有差异,其中毒性大的种类一只所具有的毒素足以杀死20 000只老鼠。箭毒蛙多数体形很小,最小的仅1.5厘米,但也有少数成员可以达到6厘米。

▶体表华丽的箭毒蛙

■极强的毒性

箭毒蛙的皮肤内有许多腺体,它分泌出的剧毒黏液,既可润滑皮肤,又能保护自己。取其毒液1克的1/100 000即可毒死1个人;1/5 000 000克可以毒死1只老鼠。任何动物要去吃它,只要舌头粘上一点毒液,就会中毒,以致死亡。

"毒"的来源

有人曾尝试养殖箭毒蛙，但是，人们发现人工饲养的毒蛙无毒。原因是野生状况下的毒蛙以热带的蚂蚁和昆虫为食，正是这些食物使毒蛙能够产生毒素。

独特的生存策略

大自然中有很多动物是靠隐蔽色逃避天敌的，箭毒蛙的生存对策恰恰相反。它鲜艳的颜色和花纹在森林中显得格外醒目，仿佛是在告诉敌人，它们是不宜吃的。箭毒蛙家族就是凭借警戒色和毒腺的保护而存活至今的。

▲ 森林采伐、火灾和非法宠物交易都威胁着这种箭毒蛙的生存。

▲ 箭毒蛙极其脆弱，对食物及生活环境的温、湿度要求严格，因此，它们一旦被带出雨林，就意味着末日的来临。

聪明的印第安人

虽然箭毒蛙的毒性极强，但它的毒液只能通过侵入人的血液起作用，如果不把手指划破，毒液至多只能引起手指皮疹，而不会致人死命。聪明的印第安人在捕捉箭毒蛙时，总是用树叶把手包卷起来以避免中毒，他们通常将采到的毒液涂在箭头上做成毒箭用于打猎。

知识小笔记

世界上最大的青蛙是生活在非洲西部的哥利亚蛙，它的头大如茶托，四肢粗如人的手腕，从面端到趾端有90厘米长，体重达3千克。

最大的鱼

鱼类是地球上最古老的脊椎动物,它们几乎生活于地球上所有的水生环境——从淡水的湖泊、河流到咸水的大海和大洋。在海洋中,名气最大、最凶猛的鱼类是鲨鱼。在鲨鱼家族中,鲸鲨是体形最大的,它也是已知鱼类中最大的。

▲ 大白鲨的上颚外缘排列着26枚尖牙利齿,里面还长着备用牙齿。一旦前面的任何一枚牙齿脱落,新牙就会长出来。

古老的鱼类

鲨鱼是一种古老的鱼类,早在恐龙出现以前,它就已经生活在地球上了。目前,世界上大约有380种鲨鱼,它们分布在世界各地温带和热带的海洋里,除了极少数的鲨鱼,如格陵兰鲨之外,几乎没有在寒带生存的鲨鱼。

鲸 鲨

鲸鲨俗名豆腐鲨、大憨鲨,通常体长约10米,最大的鲸鲨体长可以达到20米,体重10～15吨。尽管体形大,但鲸鲨的牙齿细小,以浮游生物、甲壳类、软体动物及小鱼为食。

伟大的世界之最

分 布

鲸鲨属于全球性洄游鱼种，广泛分布于印度洋、太平洋和大西洋各热带及温带海区。鲸鲨的性情温和，不攻击人，而且游动速度缓慢，常漂浮在水面上晒太阳。

> **知识小笔记**
> 世界上最小的鱼是胖婴鱼，这种鱼雄性平均体长仅 7 毫米，雌性平均体长大约为 8.4 毫米，一百万只才能凑足 1 千克。

● 刀状背鳍

名字的由来

鲸鲨以小型海洋生物为食物，和须鲸差不多。由于食物具有某种相似性，经过漫长的生物演化，它们长得和须鲸很相似。于是"鲸鲨"的名字就理所当然了。

鲨鱼是海洋中有名的"杀手"，作为海洋食物链中最重要的组成部分，鲨鱼在维持海洋生态平衡方面发挥了重要作用。

准备捕猎的鲨鱼

不断更新的牙齿

鲨鱼的口中有成排的利齿，只要前排的牙齿因进食脱落，后方的牙齿便会补上。新的牙齿比旧的牙齿更大更耐用，而且这些牙齿呈锯齿状，不但能紧紧咬住猎物，而且能将猎物咬碎。

游得最快的鱼

旗鱼可算是动物中的游泳冠军了,它平时的时速为90千米,短距离的时速可以达到110千米,是轮船速度的好几倍。长剑般的嘴巴,流线型身躯,发达的肌肉,不断摆动的尾鳍等特殊的身体结构使旗鱼创造了鱼类游泳速度最快的纪录。

外 形

旗鱼的前颌骨和鼻骨向前延伸,构成尖长的嘴巴,形状就像一把长剑。旗鱼的第一背鳍长得又长又高,竖展时,仿佛是船上扬起的一面风帆,又像是扯着的一面旗帜。因此,人们叫它旗鱼。

竖展的旗鱼就像随风飘展的旗子,如此独特的体形是其游泳速度快的重要原因。

游得快的原因

旗鱼的体形是"流线型"的,头部锐利的尖吻极易将水劈开,水流经过头部后,就能沿着鱼的体表顺利流过,阻力很小。再加上它们的体表有光滑的鳞片,分泌出一种黏液,就像润滑油一样,使鱼体的阻力减少到最低的限度。

种 类

旗鱼种类较多,主要有真旗鱼、目旗鱼、黑皮旗鱼、芭蕉旗鱼等,它们的习性都差不多。一般旗鱼的体长为2~3米,体重为60千克以上,有的旗鱼体长可以达到5米多,体重达到600千克以上。

▶旗鱼属于热带及亚热带大洋性鱼类,主要分布在印度尼西亚、日本、美国和我国的南海诸岛、台湾海域、广东、福建、浙江、江苏、山东等沿海地区。

习 性

旗鱼为肉食性鱼类,常以小鱼和乌贼等软体动物为食。它们的性情比较凶猛,攻击力特强。据有关资料记载,第二次世界大战后期,一艘满载石油的英国轮船在大西洋上航行时就曾遭到旗鱼的攻击。当时,一只旗鱼用其尖长、异常坚硬的嘴巴竟然刺穿了油轮的钢板。

知识小笔记

飞鱼是世界上飞得最远的鱼,其飞跃的高度可以达到11米,距离1 000多米,足以跳到水面船只的甲板上。

▶旗鱼就像离弦的箭一样,正在飞速地前进。

最低等的海洋动物

海绵是最原始的多细胞动物,2亿年前就已经生活在海洋中,至今已发展到1万多种,占海洋动物种类的1/15,是一个庞大的家族。除了少数种类海绵喜欢淡水外,绝大多数海绵一直生活在海洋中。

被当做植物

由于海绵常常呈现分支的形状,而且不会移动,所以曾经一度被人们当做植物。1755年才有人记述它具有动物的特征。1765年,人们观察到通过海绵的水流和入水孔的启闭,才进一步证实海绵为动物。

◀ 海绵的整个身体由内外两层细胞组成,体内没有分化的组织,体表有4 000亿个小孔与体腔相通,并由砂质纤维骨骼联系支撑,就好像千千万万水网密布的渠道系统。一个直径仅1厘米,高10厘米的海绵,一天能过滤20千克海水。

各种各样的海绵

海绵的形状也很奇特，有的像管子，有的像瓶子，有的像球体，有的像扇子……

海绵的颜色五彩缤纷，有鲜红色的，有银灰色的，也有白色的。它们的个体大小相差很大，小则几毫米，大则十几米。

▶海绵之所以拥有庞大而兴旺的家族，归功于它那奇特而强大的再生能力。有人把海绵撕成碎片抛入海中，海绵还可以一块块独立长成一个个完整的新个体。

共生共栖

海绵喜欢和其他生物共生共栖。有些水藻长在海绵的身上使其全身变为绿色，乍看起来就像是一个美丽的水藻。有些沙蟹喜欢把海绵撕成碎块贴在自己的腿或壳上，让海绵在它们的身上生长起来，好似披上一层厚厚的铠甲，以此来防御敌人。

知识小笔记

世界上最长的软体动物是枪乌贼，它可以达到17米长，其中触手的长度就有13米。

最毒的水母

箱水母又叫海黄蜂,属腔肠动物,主要生活在澳大利亚东北沿海水域,经常漂浮在昆士兰海岸的浅海水域。箱水母被认为是目前世界上已知的、对人类毒性最强的生物。在过去的100年中,至少有70人因其丧命。

外　形

成年的箱水母,有足球那么大,蘑菇状,近乎透明。在它的身体两侧,各有两只原始的眼睛,可以感受光线的变化,身后拖着60多条带状触须。这些触须正是使人致命之处,它能伸展到3米以外。

▸大多水母的触手都有毒。捕猎时,它们先用长长的触手将猎物缠绕,然后将毒液注入猎物体内,使其麻痹,再将其拖至嘴边。

触须"武器"

在每根触须上,都密密麻麻地排列着囊状物,每个囊状物又都有一个肉眼看不见的、盛满毒液的空心"毒针"。一个成年的箱水母,触须上都有数十亿个毒囊和毒针,足够用来杀死60人,可见其毒性之大。

伟大的世界之最

● 致命的毒液

当箱水母发现猎物时，它就快速漂过去，用触须把猎物牢牢缠住，并立即用毒针喷射毒液。毒液一旦喷射到人的身上，皮肤上就会立即出现许多条鲜红的伤痕，毒液很快就侵入人的心脏，只需4分钟就会致人死亡，连抢救的时间都没有。

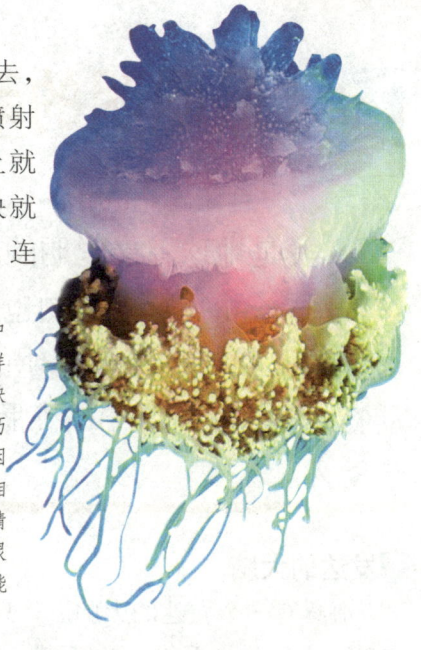

▶不同于漂流在洋流中的普通水母，箱水母在海洋中能灵活地游泳前进，能快速地做出180度转弯，灵巧地在物体之间穿梭。这是因为箱水母有一套与人类相似的特殊的眼睛，这些眼睛不仅能帮助它在海洋中灵巧地避开障碍物，而且还能感知色彩和物体的大小。

> **知识小笔记**
>
> 生活在大西洋和北冰洋的北极霞水母是世界上最大的水母，它们的伞盖直径可达2.5米，伞盖边缘伸出8组共1 200只触手，每组触手伸长可达40多米。

● 毒液损害心脏

研究人员已发现，箱水母的毒液主要损害的是人的心脏。一个健康人的心脏有上百万个肌细胞，这些肌细胞都以同一节奏跳动着。当箱水母的毒液侵入人的心脏时，会破坏肌细胞跳动节奏的一致性，从而使心脏不能正常供血，导致人迅速死亡。

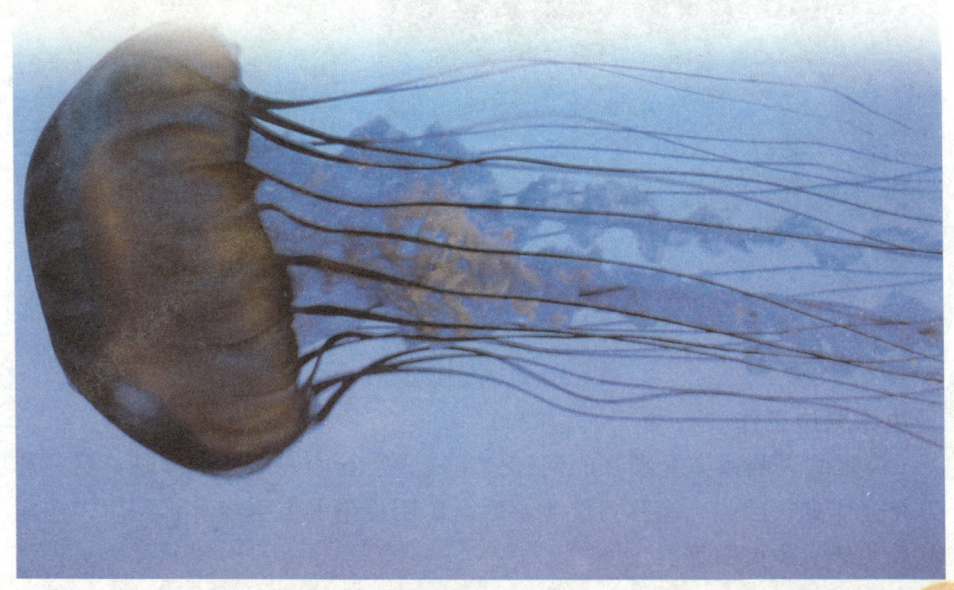

最聪明的动物

人类是地球上最聪明的动物。除了人类外,人类的近亲——猴子和猩猩等动物也比其他动物聪明得多,甚至会利用简单的工具。然而最聪明的动物并不是这些陆地上的灵长类动物。生活在海洋中的海豚其实更为聪明,而且海豚还非常乐于助人。

发达的大脑

海豚有一个发达的大脑。一只成年海豚的脑均重为 1.6 千克,占体重的 1.17%,人的脑均重约为 1.5 千克,占体重的 2.1%,而猩猩的脑均重尚不足 0.25 千克,只占体重的 0.7%。显然,海豚是一种高智商的动物。

知识小笔记

北极狼是北极地区最聪明的动物,它们在捕捉猎物时具有极高的组织性。追击猎物时,北极狼会分成几个梯队,轮流作战,直到捕获成功。

边休息边工作

海豚的大脑由完全隔开的两部分组成,当其中一部分工作时,另一部分充分休息,因此,海豚可终生不眠。聪明伶俐的海豚经过训练后,还能打乒乓球、跳火圈等。

🌐 天才领航员杰克

在新西兰首都惠灵顿,有一座造型别致的海豚纪念碑,写着"天才领航员杰克"。1871～1912年的40年间,一只银灰色的海豚一直在新西兰科克海峡中为船只领航,使过往船只安全躲过暗礁、湍流,船员们亲切地称它为"杰克"。1912年,杰克悄然逝去,当地人还为它举行了葬礼,以后又为它精雕了铜像。

▲ 海豚总是表现出十分温顺可亲的样子与人接近,比起狗和马来,它们对待人类有时甚至更为友好。

🌐 助人捕鱼

20世纪初,毛里塔尼亚濒临大西洋的地方有一个贫困的渔村艾尔玛哈拉,大西洋上的海豚似乎知道人们在受饥馑煎熬之苦,常常从公海上把大量的鱼群赶进港湾,协助渔民撒网捕鱼。此外,类似海豚助人捕鱼的奇闻在澳大利亚、缅甸、南美也有报道。

北极圈之王

北极一年有一半的时间见不到太阳,是地球上最寒冷的地区之一。外表温驯、性情凶猛的北极熊是这里名副其实的霸主,它双掌的力量可以破开冰面,甚至可以捕食白鲸。除了人类以外,北极熊几乎没有天敌。

庞大的身躯

北极熊是陆地上大型的食肉动物,雄性北极熊身长2.4～2.6米,体重一般为400～800千克。而雌性北极熊体形约比雄性小一半左右,身长1.90～2.1米,体重200～300千克。是一种高智商的动物。

生理特征

与它们庞大的身体不同的是,北极熊的耳朵和尾巴都极小,这是为了减少身体的表面积,维持体温。厚厚的皮毛也保证它们能够抵御北极的严寒。北极熊的前爪十分宽大,在游泳的时候宛如双桨并掌握着前进的方向。它的视力和听力与人类相当,嗅觉是犬类的7倍。

● 北极熊周身覆盖着厚厚的白毛

● 耳朵很小,有助于减少热量的散发

正牌的食肉动物

北极熊属于正牌的食肉动物，它们主要捕食海豹。除此之外，它们也捕捉海象、白鲸、海鸟、鱼类、小型哺乳动物。北极熊全身雪白的皮毛使它与北极的冰雪融为一体，因而它们在捕食的时候不易被猎物发现。

和其他熊科动物一样，北极熊平常也过着单身生活，只有在每年3～6月的这段恋爱季节才会和异性聚在一起。

捕食海豹

北极熊的食量很大，为了觅食总是要走很远的路。它们每天都在寻找食物，为了捕食海豹，北极熊经常会守在一个冰洞边等上好几个小时，一旦海豹从冰洞中探出头来呼吸，北极熊便迅速地用前掌一掌将其头骨打碎，然后将其拖出水面尽情享用。

由于全球气温升高，北极的浮冰逐渐开始融化，北极熊昔日的家园已遭到一定程度的破坏，猎物也相应减少。另外，即便游泳技术再出色，它们也无法长时间地待在海里。北极熊的未来需要依赖人类更多的保护。

知识小笔记

海豹生活在北极和南极地区寒冷的海滨和巨大的浮冰上，它们是极地地区最善于游泳和潜水的哺乳动物。

植物界的最大家族

被子植物是植物界中数量最多、结构最复杂、进化地位最高级的植物类群,几乎适应任何环境。而且,被子植物的外形差异很大,有参天大树也有娇嫩小草,有蔬菜、水果,也有鲜花、药材。总之,它们和人类的关系非常密切。

庞大的家族

被子植物是植物界中最晚出现,又最具生命力的植物类群。全世界约有被子植物400多科,1万多属,20多万种,占植物界的一半,并且占据着现代地球大部分陆地空间,是世界植被的主要组成部分。我国有被子植物2 700多属,约3万种。

▶花中西施——杜鹃花

特 征

与其他类型的植物相比,被子植物具有根、茎、叶、花、果实和种子,而且种子的外面有果皮包裹着。比如桃、李、梅、杏的果实,它们由果皮、果肉包着种子的核,种核里藏着种子,通过种子来繁殖后代。

被子植物的祖先

生长在 1.3 亿年前的中华古果是被子植物的祖先,它们能开出美丽的花朵,并用果实来保护种子,这样的生殖方式非常先进,使得它们得以顺利地繁衍和壮大。

分 类

根据被子植物种子里子叶的数目是一片还是两片,我们将其分为单子叶植物和双子叶植物两大类。除了子叶的不同,我们还可以根据叶脉和根系的不同来区分这两类植物。

▶花中君子——兰花

单子叶植物

单子叶植物只有一片子叶,它没有形成层,叶脉之间互相平等,花瓣数为 3 或 3 的倍数,而且都是须根系。常见的有水稻、大麦、小麦、高粱、玉米、香蕉、凤梨、水仙、棕榈、椰子和兰花等。

▶荷兰的国花郁金香

▲牡丹的叶子像鹅掌,长在低矮的枝干上,每到初夏时,牡丹花就层层叠叠地绽放,显得雍容华贵。

体积最大的树

世界上的树木种类繁多,有的个头非常矮小,有的却非常高大。体积最大的树要数美国加利福尼亚州的巨杉了。巨杉长得又高又胖,而且寿命很长,一般能活两三千年,所以巨杉又被人们称为"世界爷"。

发现

7 000万年以前,巨杉广泛分布于北半球,后来经过第四纪冰川的活动,它们在地球上渐渐消失了。100多年前,人们在美国加利福尼亚州的内华达山脉西坡,发现了一些残存的巨杉。

▶ 巨杉的木材非常抗腐朽,但是很脆,因此不适合做建筑材料。在1880~1920年的伐木潮时,人们发现:由于它们巨大的重量和易脆性,因此在被砍伐倒下时,大部分的木材都会被浪费。

知识小笔记

北美红杉是世界上最高的树。其中,最高的一棵红杉树生长在加利福尼亚州西北角的红杉国家公园里,高度达112米,和伦敦的圣保罗大教堂一般高。

命名

人们发现了这种巨树后,因它的枝叶奇特,所以称其为"猛犸树"或"加利福尼亚松"。1859年英国人将它命名为"威灵顿巨树",而美国人却把它命名为"华盛顿巨树",后来经过植物学家的研究,才将它正式定名为巨杉。

谢尔曼将军

目前，世界公认的最大的巨杉是一株被尊称为"谢尔曼将军"的巨树，树高83米，胸径31米，树龄为3 500多岁，重量相当于450多头非洲象或者15头蓝鲸的重量，可以说是生物世界中绝对的冠军。

庞大的身躯

巨杉树非常粗大，就算把树锯倒以后，人们也要用长梯子才能爬到倒下的树干上去。由于"谢尔曼将军"挡住了人们的道路，所以，人们在大树的下部开了一个洞，川流不息的汽车可以从树中间穿过。

▶ 如今，"谢尔曼将军"已经举世闻名，人们争相来目睹其庞大的身躯。

万木之王

据估计，用"谢尔曼将军"树可以制作出55 753平方米板材。如果用它们钉一个大木箱，足可以装进一艘万吨级的远洋轮船。目前，这株"万木之王"受到了美国政府的特别保护，傲然挺立在内华达山脉西侧的红杉国家公园中。

▶ 和巨杉高大、伟岸的身躯比起来，人类显得如此渺小。

比钢铁还要硬的树

铁桦树堪称树木中最硬的树,即使子弹打在这种木头上,也像打在厚钢板上一样,纹丝不动,所以铁桦树被称为"比钢铁还要硬"的树。它主要分布在朝鲜南部和朝鲜与我国接壤地区,俄罗斯南部海滨一带也有一些分布。

自然特征

铁桦树高约20米,树干直径约70厘米,寿命300～350年。它的树皮呈暗红色或接近黑色,上面密布着白色斑点,树叶是椭圆形,种子靠风力传播。铁桦树喜光、耐寒、耐干旱瘠薄,是比较珍贵的树种。

超强的硬度

如果在距离铁桦树10米远的地方用手枪朝树干射击,子弹就像打在厚钢板上一样,会反弹回来。据测定,铁桦树比橡树硬3倍,比普通的钢硬1倍,是世界上最硬的木材。

夏季时,铁桦树的枝叶非常繁茂。

🌐 金属的代用品

由于铁桦树木质细密，非常坚硬，所以在某些情况下可作为钢材的代用品，用于国防工业。前苏联就曾经用铁桦树制造滚球、轴承，用在快艇上。

🎩 其他特性

铁桦树的比重很大，扔到河里会马上沉下去，但是即使长期浸泡在水中，水分也难以渗进去，内部仍然能保持干燥。铁桦树的抗腐蚀本领也特别强，还可以用它做铁轨的枕木和电线杆。

↑由于铁桦树的木质异常坚硬，所以它是一种非常珍贵的树种。

🌐 坚硬的原因

据说，我国最硬的铁力木、铁刀木、红木、黑黄檀木、降香黄檀木等硬木都比不上铁桦树的硬度。科学家发现铁桦树之所以如此硬，是由于它吸进了大量硅元素的缘故。因此，人们根据这个现象认为在铁桦树生长茂盛的地方，就有可能找到硅矿。

> **知识小笔记**
>
> 在我国南海一带，生长着一种叫海松的树，它的散热能力特别强，加上它木质坚硬，特别耐高温，所以不怕火烧，被称为最不怕火烧的树。

水生植物中最大的叶子

王莲是水生有花植物中叶片最大的植物,是极有名的大型花卉,它的叶子为圆形,像一个圆盘浮在水面上。王莲原产于南美洲的亚马孙河流域,现在已经被引种到世界各地的大植物园和公园中,十分受人们的欢迎。

王莲叶

王莲是世界上最大的莲,普通莲花的叶子直径为 0.6～0.7 米,但王莲叶直径达 2～3 米,最大可达 4 米。叶子向阳的一面是淡绿色的,非常光滑,背阳的一面是土红色的,密布着粗壮的叶脉和刺毛。叶子的边缘向上卷,浮在水面上就像只大平底锅。

> **知识小笔记**
>
> 生长在非洲沙漠地区的百岁兰,一生只长两片叶子,不凋不谢,叶子寿命为植物界中最长的,有的可长达 2 000 年以上,极为珍贵。

普通莲的叶子只能托住一只青蛙,而在王莲叶子的中央站上一个35千克重的孩子,它还能像小船一样浮着。假如在王莲叶面上均匀地平铺一层75千克的黄沙,这个巨大的叶子也不会往下沉。

王莲花

王莲的花也属于大型花,直径为 25～40 厘米,傍晚时伸出水面开放,香味很浓,次日逐渐闭合,傍晚又会再次开放。到了第 3 天,花就会闭合并沉入水中。

▼ 色彩鲜艳的王莲花

王莲的姐妹

王莲属于睡莲科,该科的代表植物还有莲、睡莲等。莲就是我们所熟悉的荷花,它的分布非常广泛。莲种子的寿命极长,在我国发现的古莲子的寿命已有 1 000 余年,在适当条件下栽培仍可发芽、成长、开花。睡莲因花梗在夜间弯入水中,故称"睡莲"。

▼ 荷花

▼ 睡莲

珍贵花卉

王莲的观叶期 150 天,观花期 90 天,若将王莲与荷花、睡莲等水生植物搭配布置,将形成一个完美、独特的水体景观。如今,王莲已是现代园林水景中必不可少的观赏植物,也是城市花卉展览中必备的珍贵花卉,既有很高的观赏价值,又能净化水体。

最大的花

在苏门答腊和婆罗洲的热带雨林里,生长着一种十分奇特的植物,它的名字叫大花草。这种植物的花特别大,一般直径可以达到1米左右,最大的直径可达1.4米,是世界上最大的花,因此人们又叫它"大王花"。

■ 花的外形

大花草有5片又厚又大的花瓣,外面带有浅红色的斑点,每片花瓣长30～40厘米。一朵花有6～7千克重,因此看上去艳丽又壮观。它的花心像个面盆,可以盛5～6升的水。

■ 臭不可闻

大花草的花很特别,在刚开放时有点香味,但几天后就变得臭不可闻了,这种令人难以忍受的恶臭能传到几千米以外,招来一些蝇类和甲虫为它传粉。

> **知识小笔记**
>
> 无根萍的直径约0.2～0.4毫米,它开的花只有针尖般大小,是世界上最小的开花植物。

生活习性

大花草更为奇特的是它没有茎也没有叶，寄生在一种藤本植物上，一生只开一次花，整个花就是它身体的全部了。大花草从藤本植物上吸收来的营养几乎全部供应花的生长。

▶ 令人惊讶的是，大花草无根、无茎、无叶。

小小的种子

大花草的花虽然大，但它的种子很小，比一粒米还小，用肉眼几乎难以看清。种子带有黏性，当大象或其他动物踩上它时，就会被带到别的地方生根、发芽，繁殖后代。

受到保护

由于大花草赖以生存的热带雨林受到人类的大量采伐，加上当地人将它作为药用而滥采，使得这种植物濒临灭绝的境地。1984年，国际自然和自然资源保护联盟将大花草列为"世界范围内遭受最严重威胁的濒危植物"，要求人们加以保护。

产油量最高的植物

自然界中的植物千姿百态,其中有一类产油的植物,我们称为油料作物,比如油菜、花生、大豆、向日葵、油棕榈等。我们日常的食用油几乎都产自它们,其中油棕榈被誉为"世界油王",是油料作物中产油量最高的。

分 类

油棕榈有两个品种,一种是原产于西非的非洲油棕榈,分布范围为安哥拉至冈比亚的西非地区以及马来西亚和印度尼西亚。另一种是中美洲和南美洲北部的美洲油棕榈,又称黑果棕榈。

▲ 油棕榈在亚热带、热带地区的分布比较广泛。

有趣的果实

油棕榈的果实特别有趣,它们成串地长在坚硬且边缘有刺的叶柄里面,果实近似椭圆形,表皮光滑,刚长出来时是绿色或深褐色,大小如蚕豆,成熟时逐渐变成黄色或红色。大量的油脂就含在这些果实里面。

世界油王

油棕榈果实的含油量高达50%以上，一株油棕榈每年可产油30～40千克，每亩产油可达100～200千克。如果采用优良品种，小面积一亩产油可高达600多千克。油棕榈每亩产油量是椰子的2～3倍，是花生每亩产油量的7～8倍，所以被人们誉为"世界油王"。

果肉

油棕榈产的油统称为棕榈油。其中果肉油被广泛应用于制造肥皂、香皂、蜡烛、清洁剂、润滑油、甘油、颜料、化妆品、发膏、铁器防锈剂及汽车燃料等。

◀ 油棕榈的果实

果仁油

在非洲，人们取果仁油作为日用烹饪油。在工业上，果仁油被用于制造人造黄油、巧克力、雪糕和食用油脂，果仁渣可以用做饲料。

知识小笔记
马来西亚是世界最大的棕榈油生产国和出口国，所产棕榈油的47%销往世界各地。

 # 最奇特的结果习性

陆地上的植物,几乎都在地上开花,地面上结果,唯独花生的结果习性最为奇特,它是在地上开花,却在地面下结果,所以人们叫它落花生。花生起源于南美洲热带、亚热带地区,大约在16世纪传入我国,19世纪末开始有所发展。

花生的习性

花生幼苗出土以后,经过18~25天开始开花。在傍晚的时候,它慢慢地显露出黄色花朵,到次日早晨7点钟左右,花朵开放,当天就凋落。开花以后的第4天,它的子房柄伸长,向土下生长,大约经过50天,果实便成熟了。

喜欢黑暗

据测定,花生在土下结果的方式是其喜欢黑暗的特性造成的,即一旦发育中的小果实中途见了阳光,就不会再正常生长了。花生这种古怪的脾气,在异彩纷呈的植物界中也是非常另类的。

分 布

世界生产花生的国家有 100 多个,亚洲最为普遍,其次为非洲。我国花生分布很广,各地都有种植。主产地区为山东、辽宁东部、广东雷州半岛、黄淮河地区以及东南沿海的海滨丘陵和沙土区。其中山东省约占全国生产面积的 1/4,总产量超过全国的 1/3。

知识小笔记

现在世界上高产、稳产、推广面积最大的花生品种是美国"佛罗蔓生",它占美国当前花生生产面积的 90% 以上。

营养价值高

花生果具有很高的营养价值,内含丰富的脂肪和蛋白质。据测定花生果内脂肪含量为 44%~45%,蛋白质含量为 24%~36%,含糖量为 20% 左右,并含有多种维生素,矿物质含量也很丰富,特别是含有人体必需的氨基酸,有促进脑细胞发育,增强记忆力的功能。

食品原料

花生是 100 多种食品的重要原料。除了可以榨油外,它还可以炒、炸、煮食,制成花生酥以及各种糖果、糕点等。由于花生烘烧过程中有二氧化碳、香草醛、氨、硫化氢以及一些其他醛类挥发出来,因而构成花生果仁特殊的香气。

最粗的药用树

外貌奇特的猴面包树生长在非洲东部辽阔的草原上。这种树虽然树干高不过20米左右,直径却能达到15米以上,而且它的树皮、种子、果实都可以入药。因此,它成为目前世界上最粗的药用树木,被称为"药材大王"。

▲ 猴面包树是非洲草原上独特的风景

"倒栽树"

关于猴面包树还有一个古老的传说:当猴面包树在非洲"安家落户"时,由于不听"上帝"的安排,自己选择了热带草原,因而愤怒的"上帝"将它连根拔了起来,从此猴面包树就倒立在地上,变成了一种奇特的"倒栽树"。

猴子的美味

猴面包树的果实巨大如足球,甘甜汁多,是猴子、猩猩、大象等动物最喜欢的食物。当它的果实成熟时,猴子就成群结队而来,爬上树去摘果子吃,所以它又有"猴面包树"的称呼。

▲ 猴面包树的果实是猩猩的最爱

↑ 猴面包树还被当地人称做"大胖子树"

📖 贮水本领

每当旱季来临，为了减少水分蒸发，猴面包树的叶子会全部脱落。一旦雨季来临，它就利用自己粗大的身躯和松软的木质代替根系，如同海绵一样大量吸收并贮存水分，待到旱季时慢慢享用。因此，猴面包树是草原上旅行者的"生命树"。

📖 长寿树

猴面包树还是有名的长寿树，即使在热带草原那种干旱的恶劣环境中，其寿命仍可达 5 000 年左右。据有关资料记载，18 世纪，法国著名的植物学家在非洲曾见到过一棵树龄超过 5 500 年的猴面包树。

> **知识小笔记**
>
> 人参有调气养血、安神益智、生津止咳、滋补强身的神奇功效，所以被人们誉为"中药之王"。

📖 药用价值

猴面包树的果实、叶子以及树皮都可以入药，有养胃利胆、清热消肿、止血止泻的功效，其中树叶和果实的浆液至今还是当地常用的消炎药物。

生命力最顽强的植物

在裸露的岩石上,在粗糙的树皮表面,我们常常可以看到颜色微绿、形似花瓣的片片斑痕,这就是地衣。它是自然界中生命力最顽强的植物,无论高山还是平原,森林还是沙漠,从严寒的南北两极到酷热的赤道,我们都能找到地衣的踪迹。

顽强的生命力

据试验,地衣在-273℃的低温下还能生长;在真空条件下放置6年还能保持活力;在比沸水温度高1倍的温度下也能生存。因此,无论沙漠、南极、北极,甚至大海龟的背上地衣都能生长。

植物的开路先锋

地衣一般生长很慢,数年内才长几厘米。地衣所分泌的地衣酸能够腐蚀分解岩石,因此,地衣是世界的拓荒者。人们称之为"植物的开路先锋"。

清澈的水流和绿色的地衣构成一幅美丽的图画

生命力顽强的秘密

地衣是真菌和藻类植物的共生体。真菌吸收土壤中的水分和无机盐,满足藻类植物生活的需要;藻类植物含有叶绿体,能够进行光合作用,为真菌提供营养物质。真菌和藻类植物的这种紧密的合作,就是地衣有如此顽强生命力的秘密。

> **知识小笔记**
>
> 不同种类的地衣在世界各国还是各种产品的原料。如,冰岛人把地衣粉加在面包、粥或牛奶中吃。法国用地衣制造巧克力糖和粉粒。

生长在石头上的地衣犹如覆盖在石头上的绿色毛毯

树木的树干上布满鲜绿的地衣

地衣的形态

地衣的体内除了纵横交错、有密有稀的无色的真菌丝以外,中间是藻层,由藻类细胞组成。还有从下层伸出成束的假根,它没有真根、茎、叶等器官。根据外部形态,地衣可以分成3类:壳状地衣、叶状地衣和枝状地衣。

南极大陆的"绿色生命"

地衣生长所需的物质主要来自雨露和尘埃。在终年冰封的南极,地衣多达400余种,是植物中的优势种类。这里的地衣有黑色、灰色、黄色、白色和红色,真可谓五彩缤纷,它们不仅为南极增添了色彩,更给南极带来了生命的气息。

最大的种子

世界上最大的种子是一种被称为塞舌尔棕榈树的种子，塞舌尔棕榈又叫复椰子树或海椰子，它生长于西印度洋的塞舌尔群岛上。一棵海椰子树一次结果几十个，果实重达20～30千克，被称为"最重级的椰子"。

海椰子树

海椰子属于棕榈科，树高20～30米，树叶呈扇形，宽2米，长可达7米，最大的叶子面积可达27平方米，由于整棵树庞大无比，所以，人们称它为"树中之象"。

巨大的果实

海椰子树最令人称奇的是它那硕大的果实。海椰子的果实横宽35～50厘米，外面长有一层海绵状的纤维质外壳，剥开外壳后就是坚果，坚果的重量也有15千克，是世界上最大的坚果。

形状奇特的海椰子

漫长的生长

海椰子树的生长速度极为缓慢，从幼株到成年需要25年的时间。雄株每次只开一朵花，花长1米多，雌株的花朵要在受粉两年后才能结出小果实，待果实成熟又得等上七八年时间。

海椰子的故乡

海椰子的故乡普拉兰岛是塞舌尔的第二大岛，岛上大面积地生长着海椰子树，是世界上唯一保存着大面积海椰子树的地方，1983年被联合国教科文组织列入《世界自然遗产名录》。

塞舌尔的国宝

海椰子树因其稀有奇特而弥显珍贵，被塞舌尔视为"国宝"，政府严禁人们砍伐海椰子树和采摘其果实，并禁止私运出国，外国游客若想带走海椰子，必须持有当地政府颁发的许可证，而且一枚海椰子果实标价高达2 000美元。

知识小笔记

据说，当年德国皇帝鲁道夫二世曾经提出用250千克黄金购买海椰子果实，但遭到塞舌尔政府的断然拒绝。

↑ 充满热带风情的塞舌尔群岛

最早的空调

在炎热的夏日,全球大部分地方的温度都很高,当我们待在装有空调的房子里或交通工具上时,就一点也感觉不到热浪的袭击。这一切都得益于美国人威利斯·开利,他设计并安装了世界上第一部空调系统。

威利斯·开利

1876年11月,开利出生在纽约州的一个农庄。1901年,他从康奈尔大学毕业后,在一家生产供排暖系统的布法罗锻冶公司做机械工程师。

▲早期的空调被用来调节生产过程中的温度与湿度

印刷厂的困惑

1901年的夏天,空气湿热,纽约的一个印刷出版公司的生产受到很大影响:油墨老是不干,颜料渗漏,纸张发胀。1902年初,这家公司的主管找到布法罗锻冶公司,寻求某种能够像调节温度一样调节空气湿度的设备。

委以重任

由于开利在供暖盘管方面的研究已经让他的老板从冬季暖气费用里省下了4万美元,所以布法罗锻冶公司将任务交给他。开利想,既然可以利用空气通过充满蒸气的线圈来保暖,何不利用空气经过充满冷水的线圈来降温?空气中的水会凝结于线圈上,如此一来,工厂里的空气将会既凉爽又干燥。

↑威利斯·开利(1876—1950),美国工程师及发明家,是现代空调系统的发明者。图为威利斯·开利和他最初的冷却器。

空调的诞生

1902年7月17日,空调的时代就由这家印刷厂首次使用冷气机而开始。很快,其他的行业如纺织业、化工业、制药业、食品甚至军火业等,也因空调的引进而使产品质量大大提高。

> **知识小笔记**
>
> 1873年,美国发明家克里斯托弗发明了世界上第一台打字机。

↑空气压缩机的研制成功,为现代空调的诞生奠定了技术基础。

进入人们生活

空调发明后的20年,享受空调的一直都是机器,而不是人。直到1924年,底特律的一家商场,常因天气闷热有不少人晕倒,而首先安装了3台中央空调,此举大获成功。从此,空调为人们服务的时代正式来临。

最早的电灯

1879年10月21日,一位美国发明家通过长期的反复试验,终于点燃了世界上第一盏有实用价值的电灯。从此,这位发明家的名字,就像他发明的电灯一样,走入了千家万户。他,就是被后人誉为"发明大王"的爱迪生。

■ 伟大的发明家

1847年2月11日,爱迪生出生于美国俄亥俄州的米兰镇。他一生只在学校里读过3个月的书,但勤奋好学的他,有电灯、留声机、电影摄像机等1 000多种发明成果,为人类作出了重大的贡献。

→爱迪生在实验室的照片

■ 寻找耐热材料

爱迪生在研制电灯的过程中,仔细分析了当时的煤气灯和弧光灯的优点、缺点,他认为最重要的是寻找一种耐热的材料,由电流将它烧到白热化的程度而发出炽热的光,但又不能发生断裂或熔化。

不断地实验

爱迪生首先选择了当时所知的熔点最高、耐热性较强的白金，但是，用白金试了好几次，仍然很不理想。后来，爱迪生和助手分门别类地实验了1 600种耐热材料后，最终觉得还是采用白金合适。但白金的价格昂贵，谁愿意花很多钱去买只能用2个小时的电灯呢？

电光时代的曙光

此后，爱迪生又制造了用棉纱做成的炭丝，连续进行了多次试验。灯泡的寿命一下子延长到13个小时，后来又达到45小时。这个消息一传开，轰动了整个世界。人们预感到，煤气灯即将成为历史，未来将是电光的时代。

20世纪初巴黎街头的煤气灯

地毯厂的女工工作时的场景。在每台机器前面都装有白炽灯，可以用来弥补自然光的不足。

精益求精

在爱迪生精益求精的精神下，灯丝又从炭丝换成了竹丝灯。这种灯泡可以燃烧1 200多小时。竹丝灯用了好多年，直到1906年，爱迪生又改用钨丝来做灯丝，使灯泡的质量又得到提高。并且，钨丝做灯丝的灯泡一直沿用到今天。

> **知识小笔记**
> 1925年10月2日，英国电气工程师约翰·罗杰·贝尔德发明了世界上第一台电视机。

最早的电话

电话的诞生无疑是人类通信发展史上的一个里程碑。自从第一部电话问世以来，便成为人们的主要通讯工具，它给我们的世界带来了巨大的变化。这位改变世界的发明家就是亚历山大·格拉汉姆·贝尔。

贝 尔

1847年3月3日，亚历山大·格拉汉姆·贝尔出生在苏格兰的爱丁堡。早年，贝尔在爱丁堡大学攻读语音学。后来他们全家移居美国，贝尔受聘为波士顿大学声音生理学教授。1873年，他辞去教授职务，开始专心研制电话。

▲1876年贝尔获得电话专利，1880年法国授予他伏特奖金。

受到启发

要研制成电话，先要把声音信号变成电信号，再把电信号变成声音信号。在贝尔之前，已经有很多人在研究这个问题。1875年贝尔在工作中看到电报机中应用了能够把电信号和机械运动互相转换的电磁铁，受到了启发，开始设计电磁式电话。

▲1876年，贝尔和他的助手在实验室里第一次通话的情景。

反复试验

最初,贝尔将音叉放在带铁芯的线圈前,音叉振动引起铁芯相应运动,产生感应电流,电流信号传到导线另一头经过转换变成声音信号。随后,贝尔又把音叉换成能够随着声音振动的金属片,把铁芯改做磁棒,并进行反复试验。

电话的诞生

1875年6月2日傍晚,贝尔的同伴沃特森终于从他们自己改进的机器中听到了贝尔清晰的声音:"沃特森先生,快来呀!我需要你。"于是,他们趁热打铁,经过半年多的改进,终于在1876年3月10日制成了世界上第一台实用的电话机。

▶ 1892年纽约芝加哥的电话线路开通。电话发明人贝尔第一个试音:"喂,芝加哥!"这一历史性的声音被记录了下来。

知识小笔记

1877年,第一份用电话发出的新闻电讯稿被发送到波士顿《世界报》,标志着电话为公众所采用。

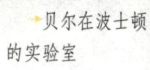

▶ 贝尔在波士顿的实验室

贤人相助

在试验过程中,贝尔遇到不少困难,由于他虚心好学,得到过一些著名科学家的指导与帮助,其中有著名的物理学家赫尔姆霍茨、约瑟夫·亨利、爱迪生等。

第一架望远镜

望远镜是一种用于观察远距离物体的设备,它可以使本来无法用肉眼看清或分辨的物体清晰可辨。世界上第一架望远镜是由荷兰人制造的,伽利略、开普勒、牛顿等科学家后来又对其进行不断改进,产生了许多类型的望远镜。

无意中的发现

17世纪初的一天,荷兰小镇的一家眼镜店的主人利伯希为检查磨制出来的透镜质量,把一块凸透镜和一块凹透镜排成一条线,他通过透镜看过去,发现远处的教堂塔尖好像变大拉近了,于是利伯希在无意中发现了望远镜的秘密。

▶1608年,利伯希为自己制作的望远镜申请专利,并遵从当局的要求,造了一架双筒望远镜。于是,望远镜发明的消息很快就在欧洲各国流传开了。图为利伯希的画像。

知识小笔记
现在,世界上最大的反射望远镜是1975年前苏联建成的一架口径为6米的望远镜。最大的折射望远镜是在德国陶登堡天文台安装的施密特望远镜。

开普勒式望远镜

1611年,德国天文学家开普勒制作了一架望远镜,这架望远镜用两片双凸透镜分别作为物镜和目镜,使放大倍数有了明显的提高,以后人们将这种光学系统称为开普勒式望远镜。

伟大的世界之最

伽利略式望远镜

　　意大利科学家伽利略听到了望远镜发明的消息后，自己于1609年也制作了一架望远镜。这架望远镜用凸透镜作为物镜，凹透镜作为目镜，这种光学系统称为伽利略式望远镜。伽利略用这架望远镜指向天空，得到了一系列的重要发现，天文学从此进入了望远镜时代。

▲ 开普勒

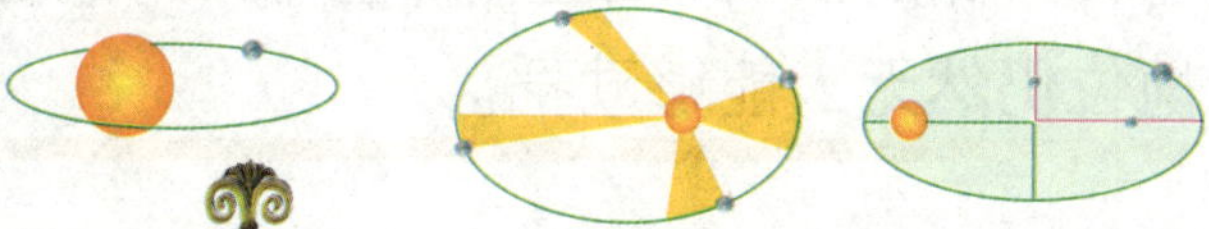

▲ 开普勒星星运行三大规律

▲ 伽利略式望远镜

▲ 牛顿的反射式望远镜

反射式望远镜

　　使用透镜作物镜的望远镜称为折射望远镜。1668年，牛顿发明了第一架反射式望远镜，这架望远镜非常小，望远镜内的反射镜口径只有2.5厘米，但是已经能清楚地看到木星的卫星、金星的盈亏等。

117

最畅销的饮料

可口可乐是全球销量排名第一的碳酸饮料，拥有全球48%的市场占有率，是世界上最畅销的饮料。虽然现在各种各样口味的饮料不断上市，但可口可乐在世界各地市场的领导地位仍然无人能够动摇。

偶然的发明

1886年，在美国佐治亚州的亚特兰大市，一位药剂师在调制一种糖浆时，无意中发明了随后风靡全球的可口可乐，其主要成分是糖、碳酸水、焦糖以及从药用植物可可叶与可乐果中提取的可卡因和咖啡因。

▲可口可乐宣传画

可卡因的退出

最初，可口可乐最重要的成分是可卡因，后来，由于可卡因成了禁用品，它便不得不从可口可乐中退出了。可口可乐中含有可乐果，可乐果里含有咖啡因，而咖啡因很容易让人上瘾，这也是100多年来人们始终爱喝可口可乐的原因之一。

▲潘伯顿发明的著名饮料——可口可乐，风靡全球。他也被世人尊称为"可口可乐之父"。

全球分布

可口可乐公司是全球软饮料行业中的龙头老大,总部位于美国佐治亚州的亚特兰大。总部加上它在全球各分公司的员工共有 3 万余人,其分支机构分布在全球的 200 多个国家中,公司 70% 的产量和 80% 的利润都来自美国本土以外。

神秘配方

可口可乐的配方,至今除了持有人家族之外无人知晓,可口可乐公司也会严密防止自己的员工偷窃配方。

▶ 据说,全世界每一秒钟约有 10 450 人正在享用可口可乐公司出品的饮料。图为卡车运送可口可乐的场景。

知识小笔记

"可口可乐"堪称最经典的译名,它不但保持了英文的音译,还比英文更有寓意,而且无论是书面上还是口头上,都易于传诵。

▲ 早期的可口可乐公司

▶ 如果将所有曾经生产的可口可乐倒进一个平均深度为 1.8 米的游泳池,则这个超级大游泳池的长将为 35.2 千米,宽为 12.8 千米,可同时容纳 5 亿多人。

最早的电子计算机

电子计算机俗称电脑,它诞生还不足100年,但是却推动了社会的迅速发展。在现代信息高度发达的社会中,电子计算机的作用更加举足轻重。特别是互联网技术、多媒体技术的空前发展,计算机真正地开始改变人们的生活。

第一台电子计算机

第二次世界大战期间,美国军方为了解决计算大量军用数据的难题,成立了一个研究小组,经过3年紧张的工作后,世界上第一台电子计算机终于在1946年2月14日问世。这台计算机被命名为"电子数字积分计算机",简称ENIAC。

▶世界上第一台电子计算机 ENIAC

神奇的机器

这台神奇的电子计算机里面装有18 000个电子管,占地面积170平方米,重30吨。每秒钟可做5 000次加法或400次乘法运算,它比过去用台式计算器计算要快2 000多倍。

▶"计算机之父"——冯·诺依曼

发展历史

从第一台电子计算机诞生至今,虽然才 60 多年的历史,但是已经有了"四代"变革。第一代是电子管计算机,第二代是晶体管计算机,第三代是集成电路计算机,第四代是大规模集成电路计算机。

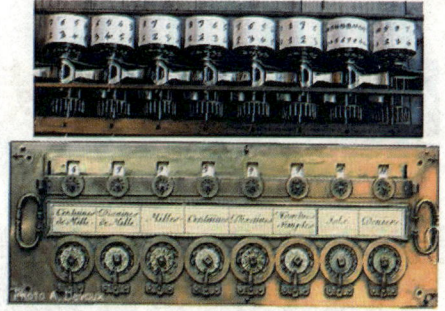

▲ 1642 年,帕斯卡创造的能做加、减法的手摇计算机。

第一代和第二代计算机

20 世纪 50 年代是计算机研制的第一个高潮时期,那时计算机中的主要元器件都是用电子管制成的。第二代计算机用晶体管做元件,它不仅能实现电子管的功能,而且比电子管的尺寸小、重量轻、寿命长、效率高。

▲ 巴贝奇设计的分析机的模型

> **知识小笔记**
>
> 1959 年,有"机器人之父"之称的美国人恩格尔伯格研制出世界上第一台工业机器人,对创建机器人工业作出了杰出的贡献。

第三代和第四代计算机

1958 年,科学家发明了集成电路 IC,将三种电子元件结合到一片小小的硅片上。计算机变得更小,功耗更低,速度更快。1976 年,由大规模集成电路和超大规模集成电路制成的"克雷"1 号,使电脑进入了第四代。从 20 世纪 70 年代到现在我们使用的计算机都属于第四代计算机。

▲ 冯·诺依曼(1903—1957),美籍匈牙利数学家,20 世纪最杰出的数学家之一。他提出的二进制思想和程序存储的思想为现代计算机结构奠定了坚实基础。

最早的罐装食品

古时候，人们常常利用风干和盐腌的方法来储藏肉制品。后来，随着社会经济的发展和需求，一种能够长期贮存食品的方法呼之欲出，于是，出现了现代罐头的雏形。罐头的出现，极大地促进了航海事业的发展和人类文明的进步。

历史背景

18世纪末，由于食品长途运输容易腐烂，驰骋在欧洲战场上的拿破仑的军队常常发生供给不足。后来，随着世界贸易兴旺发达，长时间生活在船上的海员，因吃不上新鲜的蔬菜、水果等食品而患了严重威胁生命的坏血症。人们开始寻求一种能够长期贮存食品的方法。

> **知识小笔记**
> 1958年，安腾百福在日本大阪池田市发明了方便面。如今，方便面堪称20世纪最伟大的发明之一。

▲ 1823年的罐头

法国人的发现

有个经营蜜饯食品的法国人阿贝尔，曾经当过厨师，他在贩卖果浆、葡萄酒等食品时，发现有些食品常常变坏，而有些却不易变坏。他偶然又发现，密封在玻璃容器里的食品如果经过适当加热，便不易变质，阿贝尔从中受到了很大启发。

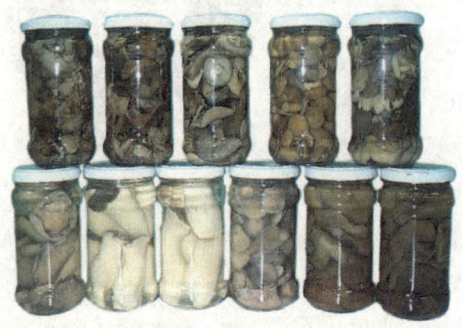

▲ 现代的罐头

罐头的雏形

经过10年的艰苦研究,阿贝尔终于在1804年获得成功。他的方法是:将食品处理好,再装入广口瓶内,全部置于沸水锅中,加热30~60分钟后,趁热用软木塞塞紧,再用线加固或用蜡封死。这种办法能较长时间地保存食品,这就是现代罐头的雏形。

▲二战时的罐头海报

▲尼古拉·阿贝尔

迅速发展

罐头的出现使阿贝尔得到了法国政府的奖励,也受到了海员们的热烈欢迎。19世纪初,罐头技术传到美国,波士顿、纽约等地都出现了大规模的罐头工厂。

罐头的"秘密"

1862年,法国生物学家巴斯德发表论文,阐明食品腐败的主要原因是由于微生物的生长和繁殖所致。于是,罐头工厂采用蒸汽杀菌技术,使罐头食品达到绝对无菌的标准。

▲现代的水果罐头

最早的自行车

自行车,在拉丁文中是"快"和"步行人"的意思,中文译名"自行车"。从18世纪末开始,人们制作出各种不同形式的自行车,但世界上第一批真正实用型的自行车出现于19世纪。

"木马车"

最早的自行车结构非常简单,它前后是两个木质的轮子,中间用横梁相连,上面安了一个板凳供骑车人乘坐,人们称它为"木马车"。它是由一个名叫西夫拉克的法国人在1790年制作完成的。骑车人和行走一样,借助双脚蹬地的反作用力,使车轮向前滚动。

卡尔·德莱斯发明的木质两轮车,只能用双脚蹬地前进。

不断改进

1816年,德国人德莱斯给"木马车"的前轮上加了一个控制方向的车把,可以改变前进的方向。1840年,英格兰的麦克米卢在后轮的车轴上装上曲柄,再用连杆把曲柄和前面的脚蹬连接起来,骑车人双脚交替踩动,车子便会行驶起来,真正使骑车人的双脚离开了地面。

改名"自行车"

1861年，法国的米肖父子在前轮上安装了能转动的脚蹬板，并且将这种车改名为"自行车"。1869年，英国的雷诺采用钢丝辐条拉紧车圈作为车轮，利用细钢棒制成车架，减轻了自行车自身的重量。

早期的自行车

现代自行车的诞生

1874年，英国的罗松研究出真正意义上的现代形式的自行车，他给自行车装上了链条和链轮，实现了用后轮的转动来带动车子前进。

知识小笔记
1995年10月3日，荷兰的弗雷德·罗姆贝尔博格在美国犹他州创造了脚踏自行车的最高时速纪录268.831千米。

在自行车比赛现场，热情的人们为选手呐喊助威。如今，自行车比赛已经成为深受大家喜爱的运动项目。

大量生产

1886年，英国的斯塔利将前叉和车闸装在自行车上，将其前后轮的大小统一，用钢管制成了菱形车架，还首次使用了橡胶车轮。斯塔利被称为"自行车之父"，他还改进了生产自行车部件的车床，使自行车实现了批量生产。

最早的摩托车

1884年,英国人埃德华·布特勒在自行车上加装一个动力装置,制成了一辆三轮车,采用煤油发动机驱动。1885年,德国的"汽车之父"特利布·戴姆勒制成汽油发动机驱动的三轮摩托车,同年8月29日他获得了这一发明专利。

车辆性能

戴姆勒被世界公认为是摩托车的发明者,他的第一辆摩托车是用四冲程内燃机作动力,气缸工作容为264立方厘米,在每分钟700转时,功率可达370多瓦,时速可达12千米。这辆摩托车是木质结构,后轮为皮带传动,两侧有辅助支撑轮。

▶戴姆勒,德国工程师、发明家、现代汽车工业的先驱者之一,于1872年设计出四冲程发动机。

车辆结构

由于受当时技术所限,原始摩托车与现代摩托车在外形、结构和性能上有很大差别。原始摩托车的车架是木质的,车轮外层包有一层铁皮。车架中下方的方形木框上放置发动机,木框两侧各有一个小支撑轮,其作用是在摩托车静止时防止其倾倒。因此,这辆摩托车车实际上是四轮着地。

震骨车

当时,这辆摩托车的车座为马鞍形,外面包一层皮革。由于没有弹簧等缓冲装置,此车被称为"震骨车"。可以想象,驾驶这辆摩托车在19世纪的石条街道上行驶,肯定非常难受。

纪念戴姆勒

鉴于戴姆勒不可替代的历史地位,德国工程师协会尤登堡分会在戴姆勒去世后,在坎斯塔特广场建立了他的纪念碑。因为戴姆勒就是在这个广场上驾驶他的第一辆摩托车的。

> **知识小笔记**
>
> 现在,世界著名的摩托车品牌有美国的哈雷,德国的宝马,日本的本田、铃木、雅马哈、川崎等。

▶ 摩托车诞生后,迅速风靡世界。上图为印第安摩托车的广告宣传画。

现代摩托车

随着科学技术的迅猛发展,现代的摩托车已经成为造型美观、性能优越、快速便捷的先进的机动车辆。尤其是大排量豪华型摩托车已经将当今汽车中先进的技术移植到车上。摩托车已经成为现代文明的重要标志之一。

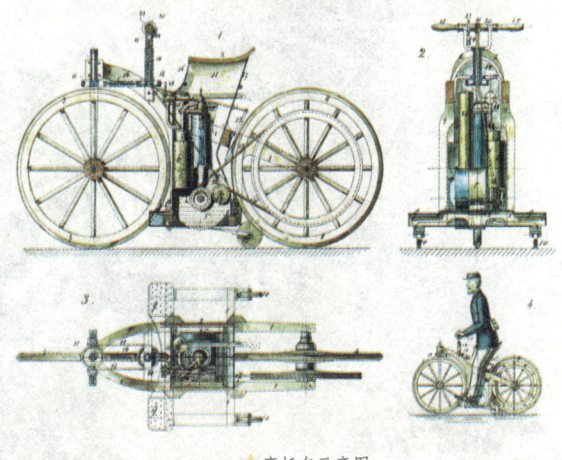

▶ 摩托车示意图

最早的火车

蒸汽机的发明使人类进入了工业革命时期。蒸汽机车是现代火车的雏形,世界上第一辆能在铁轨上行走的蒸汽机车即火车,是由英国人乔治·斯蒂芬森于1814年发明的。火车的出现,加快了人类文明的进程。

斯蒂芬森

1781年,乔治·斯蒂芬森出生在一个英国矿工家庭。14岁时,他来到煤矿,当上了一名司炉工,由于聪明好学,他很快就掌握了机械、制图等方面的知识。

▶乔治·斯蒂芬森修建了第一条公共铁路,他使"火车"的名字流传到了全世界。

▶蒸汽机火车是世界上第一代火车,是利用蒸汽为动力、蒸汽机为核心的最初级最古老的火车。

总结经验

1807年,特里维希克和维维安造出了在普通道路上行走的蒸汽机车,但由于车子过于笨重,在普通道路上行驶非常困难,于是,他们放弃了这个发明。斯蒂芬森总结他们失败的教训,于1810年开始研制蒸汽机车。

"布鲁克"问世

1814年,斯蒂芬森的蒸汽机车问世了,他为其取名为"布鲁克"。这辆蒸汽机车有5吨重,可以拉动8节车厢,载重30吨,时速可达6.4千米。1825年,斯蒂芬森在英国达灵顿到斯托克顿之间建成了一条成熟的铁路,其具备了现代铁路的基本要素。

◂ 斯蒂芬森制造的机车是第一辆真正实用的蒸汽机车。

知识小笔记

法国的TGV是目前是世界上速度最快的火车,其试验时最高时速达到514千米,正常运营时平均时速为300千米左右。

▴ 1831年从利物浦开往曼彻斯特的火车铁路。上面的火车车头上标有"利物浦",是货运火车;下面火车车头上标有"愤怒",是运送牲畜的火车。

铁路事业的诞生

1825年9月27日,在英国的斯托克顿附近挤满了观众,斯蒂芬森亲自驾驶世界上第一列火车"火箭"号疾驰而来,这辆机车后面拖着12节煤车,另外还有20节车厢,车厢里还搭载着约450名乘客。铁路运输事业从此诞生了。

最大的百科全书

举世闻名的《永乐大典》，是明朝永乐年间修纂的一部大型图书，全书 22 877 卷，目录 60 卷，分装 11 095 册，约 3.7 亿字。该书收录的典籍上起先秦，下达明初，是世界上最大的百科全书，也是中华民族珍贵的文化遗产。

收集典籍

《永乐大典》收录了 8 000 多种古书典籍，除了著名的经史子集，还有哲学、文学、历史、地理、宗教、医卜等各类著作，包罗万象。它比著名的《不列颠百科全书》成书早 300 多年。

知识小笔记

我国的《汉语大字典》集国内外汉语字典之大成，集古今汉语言文字研究之精粹，堪称世界上最大的字典。

编纂原因

明成祖朱棣是明朝的第三任皇帝，年号永乐。他登基后不久，效仿前朝盛世修书，在永乐元年（1403 年）命解缙、姚广孝等人纂修这部大型的百科全书。

▸ 明成祖朱棣

编纂完成

永乐五年（1407年），全书定稿完成，朱棣阅后表示满意，正式定名为《永乐大典》，并亲自撰写了《序言》。永乐六年（1408年），《永乐大典》全书誊写完毕，至此，全部编纂工作正式完成，前后经历了6年的时间。

收录完整

尤其值得称道的是，编撰时规定：所收集录入的古书典籍，不准删改，必须照原著整部、整篇、整段地编入，因此《永乐大典》保存了我国宋元以前大量的珍贵文献典籍。明代以前许多失传的书籍都凭借《永乐大典》而得以保存。

↑解缙

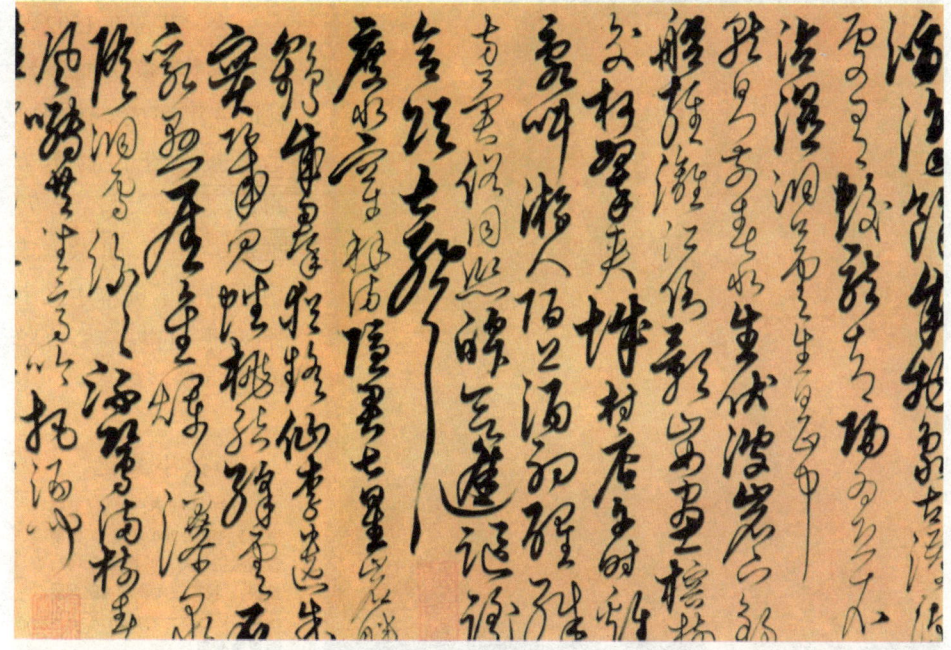

《游七星岩诗》。解缙书纸本草书，纵长22.8厘米，横长61.2厘米。北京故宫博物院藏。

罕见的珍品

《永乐大典》中还有许多精致的插图，山川地形都是以白描手法绘制的图形，形态逼真。而且书为硬裱书面，由粗黄布包着，典雅庄重，被中外专家学者誉为有史以来世界上罕见的珍品。

最名贵的肖像画

《蒙娜丽莎》是意大利文艺复兴时期画家达·芬奇的一幅油画。这幅画享有极高的盛誉,是肖像画的杰作,它代表了达·芬奇的最高艺术成就,可以说是世界上最著名的油画作品。现在,它被保存在卢浮宫供公众欣赏,是卢浮宫的三大镇馆之宝之一。

创作《蒙娜丽莎》

达·芬奇在1502年开始创作《蒙娜丽莎》,耗时4年完成。这幅画是直接画在白杨木上的,面积不大,长77厘米,宽53厘米。成功地塑造了资本主义上升时期一位城市资产阶级的妇女形象。

知识小笔记

目前,全世界已发现《蒙娜丽莎》的赝品200多幅,英国前首相撒切尔夫人就收藏了4幅,她说:"我实在太喜欢《蒙娜丽莎》了,但它是一件孤品,所以只得以赝品自娱。"

根据记载大致可以确定,画中人是佛罗伦萨一位富商的妻子丽莎夫人。她出生于1479年,达·芬奇为她画像时间是1503年,正是她最美好的年龄段。

神秘的微笑

画中人物坐姿优雅,笑容微妙,背景山水幽深茫茫,达·芬奇力图使人物丰富的内心感情和美丽的外形达到巧妙的结合,从而使其微笑具有一种神秘莫测的千古奇韵。蒙娜丽莎的妩媚微笑被不少美术史家称为"神秘的微笑"。

《蒙娜丽莎》油画的背景

图片为蒙娜丽莎的手。蒙娜丽莎的一双手,柔嫩、精确、丰满,展示了她的温柔、身份和阶级地位,显出达·芬奇的精湛画技和眼光的敏锐。

来到法国

1516 年,法国国王弗朗索瓦一世邀请达·芬奇去国王城堡附近工作。这幅画从意大利被带到了法国,国王花了 4 000 埃居(当时的货币)买下了它,并把它保存在枫丹白露宫,直至路易十四时期。

达·芬奇是意大利文艺复兴三杰之一,也是整个欧洲文艺复兴时期最完美的代表。壁画《最后的晚餐》《安吉里之战》和肖像画《蒙娜丽莎》是他一生的三大杰作。

独特的眼神

神秘的蒙娜丽莎除了以其微笑著称,画中人物的眼神也相当独特。无论你从正面哪个角度欣赏画,都会发现蒙娜丽莎的眼睛直视着你,这使人感到蒙娜丽莎的眼睛仿佛是活的,会随着观众的视角游走,并对所有观众抱以永恒的微笑。

最出色的圣母像画家

拉斐尔是意大利杰出的画家,他和达·芬奇、米开朗琪罗并称文艺复兴时期艺坛三杰。他的作品博采众家之长,形成自己独特的风格,代表了当时人们最崇尚的审美趣味,成为后世古典主义者不可企及的典范。

拉斐尔的生平

1483年,拉斐尔出生于意大利山区的乌尔比诺小公国。父亲是乌尔比诺大公的御用画家、拉斐尔的启蒙教师。16岁时,拉斐尔从师于佩鲁基诺,在老师的引导下,拉斐尔跨进了佛罗伦萨的艺术世界,很快就融入其中。1520年4月6日,拉斐尔病逝。

▶ 拉斐尔的艺术以优雅、秀逸、和谐、高度的完美为标志。图为拉斐尔的肖像画。

大量的圣母像

拉斐尔创作的一系列圣母画像都以母性的温情和青春健美而体现了人文主义思想。其中,比较著名的有《圣母的婚礼》《带金莺的圣母》《草地上的圣母》《花园中的圣母》《西斯廷圣母》《福利尼奥的圣母》《椅中圣母》《阿尔巴圣母》等。

◀《西斯廷圣母》是拉斐尔圣母像中的代表作,以甜美、悠然的抒情风格闻名遐迩。

最成功的圣母像

大型油画《西斯廷圣母》是拉斐尔最成功的一幅圣母像。画面采用了稳定的金字塔形构图，人物形象和真人大小相仿，庄重均衡，画面背景全部用小天使的头像组成，构思新颖独特。圣母形象柔美圣洁，表现了母爱的幸福与伟大。

知识小笔记

西班牙的伟大画家毕加索是世界上作品最多的画家，他一生共创作和设计了约1.35万幅油画、10万件版画和雕版、3.4万幅书刊插图以及200多件雕刻或陶器作品。

《雅典学院》

拉斐尔最著名的壁画是为梵蒂冈宫绘制的《雅典学院》。这幅巨型壁画把古希腊以来的50多位著名的哲学家和思想家聚于一堂，包括柏拉图、亚里士多德、苏格拉底、毕达哥拉斯等，以此歌颂人类对智慧和真理的追求，赞美人类的创造力。

《雅典学派》一直被公认为是文艺复兴盛期完美地体现古典精神的杰作。其题材是"雅典思想学派"：一群著名的希腊哲学家集聚在柏拉图和亚里士多德周围，每一个人都有自己独特的姿势，都在从事自己的学术活动。

《小椅子圣母》是拉斐尔一系列圣母像中最精致的一幅作品，从中可以体会到母亲的一片温情。据说这幅画中圣母的形象，是拉斐尔根据自己的恋人弗尔娜丝创作的。拉斐尔通过对恋人的描绘，创造了理想美的典型形象。

《小椅子圣母》

在《小椅子圣母》中，拉斐尔将圣母形象刻画得更加人性化，圣母的装束深受异国风情的影响，色彩绚丽充满东方情调。整幅作品构图完整，充分体现了拉斐尔无与伦比的绘画技巧。

最大的宫殿

北京故宫作为东方宫殿建筑的代表、世界宫殿建筑的典范，是中国古代劳动人民智慧和文化的结晶。故宫也是世界上最大的宫殿，整个建筑金碧辉煌，庄严绚丽。1988年，故宫被联合国科教文组织列为"世界文化遗产"。

紫禁城

故宫位于北京市中心，也称"紫禁城"。它始建于1406年，1420年建成，由明成祖朱棣亲自策划营建，动用30万民工，共建了14年。这里曾居住过24个皇帝，是明清两代的皇宫，虽经明、清两代多次重修和扩建，仍然保持了原来的布局。

▲ 现在，故宫已被辟为故宫博物院，供游人参观。

殿宇之海

故宫占地72万平方米，建筑面积15.5万平方米，有殿宇宫室8070间，被称为"殿宇之海"。故宫里最吸引人的建筑是三座大殿：太和殿、中和殿和保和殿。

金銮殿

太和殿,俗称"金銮殿",是皇帝举行大典的地方,有直径达1米的大柱92根,其中6根围绕御座的是沥粉金漆的蟠龙柱。整个大殿装饰得金碧辉煌,庄严绚丽。

建筑布局

故宫宫殿的建筑布局有外朝、内廷之分。外朝以太和、中和、保和三大殿为中心,是封建皇帝行使权力、举行盛典的地方。内廷以乾清宫、交泰殿、坤宁宫为中心,是封建帝王与后妃的住所。此外还有文华殿、武英殿、御花园等。

保和殿是三大殿之一,每年除夕皇帝在这里赐宴外藩王公,这里也是科举考试举行殿试的地方。

城　墙

故宫城墙的周长有3 400米左右,高10米,城墙下宽8.6米,上宽6.66米,城墙四角各有1座玲珑精巧的角楼。此外,还有一条宽52米、长3 800米的护城河。

知识小笔记

故宫博物院是中国的综合性博物馆,收藏的古代艺术珍品共达100多万件,占中国文物总数的1/6,是中国收藏文物最丰富的博物馆。

 # 最大的金字塔

埃及是世界四大文明古国之一,金字塔是古埃及文明的代表作。现在,埃及境内已发现110座金字塔,其中位于埃及首都开罗西南约10千米吉萨高地的胡夫金字塔是埃及现存规模最大的金字塔,被喻为"世界古代七大奇迹"之一。

◎建造时期

胡夫金字塔建于埃及第四王朝第二位法老胡夫统治时期(约公元前2670年),被认为是胡夫为自己修建的陵墓。在古埃及,每位法老从登基之日起,就着手为自己修筑陵墓,以求死后超度为神。

巨大的狮身人面像那无表情的古朴面容,那饱经沧桑的形体都蕴涵着一种难解的神秘。

◎外型结构

胡夫大金字塔的4个斜面正对东、南、西、北四方,原来底座每边长230多米,由于塔外层石灰石脱落,现在底边减短为227米,倾角为51°52′,塔原高146.59米,因顶端剥落,现高136.5米,相当于一座40层的摩天大楼,塔底面呈正方形,占地5.29万平方米。

最伟大的石头建筑

胡夫金字塔的塔身由大小不一的 230 万块巨石组成，每块重量在 1.5～160 吨，石块间合缝严密，不用任何黏合物。胡夫金字塔的建造涉及测量学、天文学、力学、物理学和数学等各领域，被称之为人类历史上最伟大的石头建筑，至今还有许多未被揭开的谜。

内部结构

胡夫金字塔的入口在北侧面离地 18 米高处，经入口的一段甬道下行通往深邃的地下室，上行则抵达国王殡室，室内仅有一具红色花岗岩石棺，别无他物。另外塔内已知还有王后的殡室。

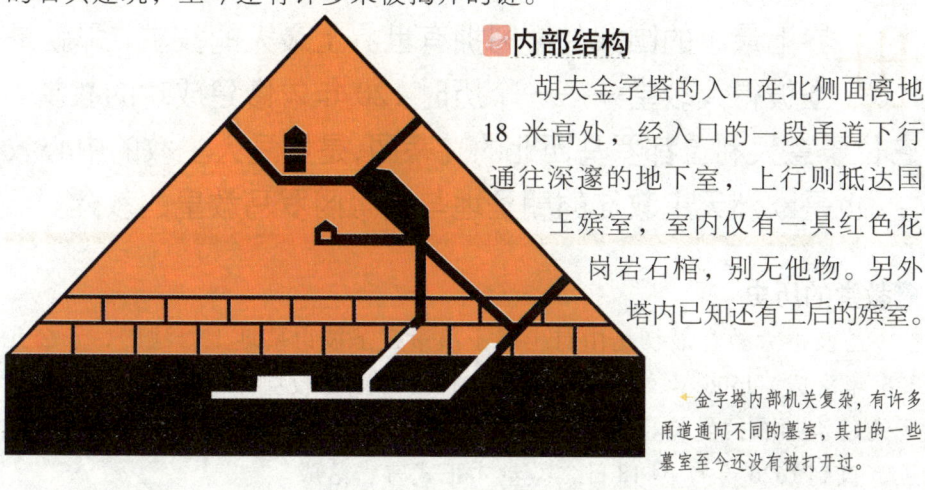

金字塔内部机关复杂，有许多甬道通向不同的墓室，其中的一些墓室至今还没有被打开过。

浩大的工程

据说，修建胡夫金字塔动用了 10 万人，花费了 30 年的时间。学者推测，当时这些劳工大多是贫穷的农民和工匠，他们轮流来到工地参加劳动，每人的工期约 3 个月。

最大的教堂
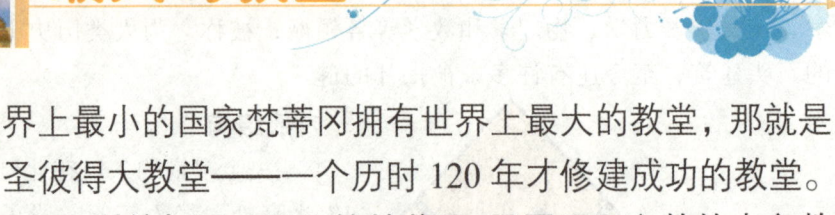

世界上最小的国家梵蒂冈拥有世界上最大的教堂，那就是圣彼得大教堂——一个历时120年才修建成功的教堂。它位于意大利首都罗马西北的梵蒂冈，是罗马天主教的中心教堂，也是欧洲天主教徒的朝圣地与梵蒂冈罗马教皇的教廷。

教堂的历史

圣彼得大教堂最初是由君士坦丁皇帝在圣彼得墓地上修建的，于公元326年落成。1506年，教皇朱利奥二世开始重建教堂，当时，意大利最优秀的建筑师布拉曼特、米开朗琪罗、德拉·波尔塔等相继主持过设计和施工，直到1626年11月18日，教堂才正式宣告落成。

教堂外观

大教堂的外观宏伟壮丽，正面宽115米，高45米，8根圆柱对称立在中间，4根方柱排在两侧。教堂的平顶上正中间站立着耶稣的雕像，两边一字排开的是他的12个门徒的雕像，高大的圆顶上有很多精美的装饰。

↑ 教堂内部的装饰异常华丽

殿堂内部

整个殿堂的内部呈十字架的形状,在十字架交叉点处是教堂的中心,中心点的地下是圣彼得的陵墓,地上是教皇的祭坛,祭坛上方是金碧辉煌的华盖,华盖的上方是教堂顶部的圆穹,其直径42米,离地面120米,圆穹的周围及整个殿堂的顶部布满美丽的图案和浮雕。

圣彼得雕像

教堂门前左边树立着圣彼得高大的雕像,他右手握着两把耶稣送给他的通向天堂的金钥匙,左手拿着一卷圣旨。他头上的卷发、脸上的皱纹、下巴上的胡须和身上的长袍都雕琢得非常细腻、逼真。

雕刻艺术三杰

教堂大殿内最引人注意的雕刻艺术杰作主要有三件,一件是米开朗琪罗24岁时的雕塑作品《母爱》,其他两件是贝尔尼尼雕制的青铜华盖和圣彼得宝座。

> **知识小笔记**
>
> 除了圣彼得大教堂外,世界上著名的教堂还有法国的巴黎圣母院、德国的科隆大教堂、英国的威斯敏斯特教堂和俄罗斯的圣瓦西里大教堂等。

↑ 神情自若、面带微笑的圣彼得雕像。

第一座钢铁结构高塔

屹立在巴黎市中心塞纳河畔的埃菲尔铁塔是巴黎的标志之一,它也是世界上第一座钢铁结构的高塔,和纽约的帝国大厦、东京的电视塔同被誉为西方三大著名建筑。初到巴黎的人,都愿意登上铁塔塔顶,观赏巴黎全城迷人的景色。

历史背景

1884年,为了迎接世界博览会在巴黎举行和纪念法国大革命100周年,法国政府决定修建一座永久性纪念建筑。经过反复评选,法国建筑师居斯塔夫·埃菲尔设计的铁塔被选中,所以建成后就以埃菲尔的名字命名,叫埃菲尔铁塔。

建造过程

1887年1月28日,埃菲尔铁塔正式开工。250名工人冬季每天工作8小时,夏季每天工作13小时,终于在1889年3月31日完工。埃菲尔铁塔的金属制件有1.8万多个,重达7000吨,施工时共钻孔700万个,使用铆钉250万个。

▲ 正在建设中的巨塔

铁塔结构

埃菲尔铁塔采用交错式结构，由4条与地面成75°度角的、粗大的、带有混凝土水泥台基的铁柱支撑着高耸入云的塔身，塔高约324米，相当于100层楼的高度。铁塔共有4层，每层有一个平台。

▶ 一座象征机器文明、在巴黎任何角落都能望见的巨塔。

▲ 1888年7月，埃菲尔铁塔正在建设中。

遭到非议

埃菲尔铁塔的设计方案刚刚公布时就遭到了许多人的反对，其中包括颇有名望的莫泊桑和小仲马等人。直到第一次世界大战中铁塔在无线电通讯联络方面作出了重大贡献，反对声才逐渐平息。

知识小笔记

埃菲尔铁塔不仅仅是一座吸引人的建筑物，还是法国广播电台的中心，同时，也是气象台和电视台的发射塔。

▶ 埃菲尔铁塔的艺术造型在当时是史无前例的。它用水泥和钢材来建筑四座大拱门底座的技术，是以后出现的钢盘混凝土的先驱。

青少年成长必读·科学真奇妙丛书

伟大的世界之最